Gerd Laudert-Ruhm / Susanne Oberndörfer

… und das Leben bekommt mich zurück

Gerd Laudert-Ruhm
Susanne Oberndörfer

... und das Leben bekommt mich zurück

Ein Lesebuch (nicht nur) für Verwitwete

Kreuz

Für Anke
Für Michael
Für Beverley

Für alle, um die wir trauern
und für alle, die mit ihrer Trauer leben

Inhalt

Einführung zum Buch

»Witwe oder Witwer wird man, wenn man alt ist und die Kinder groß sind.« So denken viele, verständlicherweise, denn wer möchte sich vorstellen seinen Partner schon in jungen Jahren – durch einen Unfall, eine schwere, unheilbare Erkrankung – zu verlieren? Und doch weiß man: Ein solches Schicksal kann jeden treffen.

Allein in Deutschland trifft es, das zeigen die nüchternen Zahlen des Statistischen Bundesamtes, fast eine halbe Million Menschen. Ende 2002 lebten in der Bundesrepublik Deutschland 456 113 verwitwete Frauen und Männer im Alter zwischen 20 und 55 Jahren (zählt man die 56-Jährigen hinzu, erhöht sich die Zahl auf 500 000). Jährlich sterben etwa 35 000 verheiratete Deutsche in dieser Altersgruppe, das heißt, täglich kommen etwa 100 neue Witwer und Witwen hinzu – wobei der Verlust des Lebenspartners ein Ereignis ist, das überwiegend Frauen erleben, und nicht nur Frauen im höheren Alter: Auch bei den jung Verwitweten ist in acht von zehn Todesfällen die Frau der überlebende Partner.

Und noch eine nüchterne statistische Angabe: In Deutschland sind derzeit mehr als 700 000 Kinder und Jugendliche vom Verlust eines Elternteils betroffen.

Als meine Frau 1997 an den Folgen einer Gehirntumorerkrankung starb, war sie 41 Jahre alt, unsere beiden Kinder elf und vierzehn.

In den Formularen, die ich in den folgenden Tagen und Wochen bei Ämtern und Behörden auszufüllen hatte, musste ich bei den Angaben zur Person »verwitwet« ankreuzen, nicht mehr »verheiratet«, aber auch nicht »geschieden« oder »dauernd getrennt lebend«, obwohl ich mich genau so fühlte: noch immer verheiratet, aber gewaltsam geschieden und für immer getrennt.

Ich versuchte mit meinem Schmerz und der Trauer irgendwie zurecht zu kommen; es gelang mir lange nicht. Ich bemühte mich darum, meine Kinder nicht zu sehr zu vernachlässigen und kreiste doch vor allem um mich selbst. Ich versuchte in meinem Beruf wieder so gut es ging zu funktionieren; es ging nicht gut. Der Weg durch die Trauer, der Weg zurück ins Leben, er war einsam, lang und schwierig.

Der Weg durch die Trauer ist aber auch eine Zeit intensiver, weil unausweichlicher und das weitere Leben langfristig prägender Lernprozesse und Erfahrungen. Davon erzählt dieses Buch. Eine Zeit, in der zuvor gültige Wertmaßstäbe, Lebensentwürfe, persönliche und berufliche Zukunftsperspektiven, oft auch religiöse Einstellungen entscheidend verrückt, manchmal auch zurechtgerückt werden. Der Tod eines geliebten Menschen *»erschüttert unser Welt- und unser Selbstverständnis … (er) zwingt uns zur Wandlung – ob wir wollen oder nicht«* (Verena Kast).

Im Sommer 2002 besuchte ich auf einem Streifzug durchs Internet zum ersten Mal die 1999 von Oliver Scheithe (Köln) ins Netz gestellte Homepage www.verwitwet.de, Treffpunkt einer kleinen, aber stetig wachsenden »Community« von Frauen und Männern, die ihr gemeinsames Schicksal, nämlich früh den Lebenspartner verloren zu haben, auf dieser Website zusammengeführt hat – zunehmend auch im richtigen Leben. Hier traf und trifft man sich zum Reden, zum Erfahrungsaustausch, zum Chatten, hier können sich die »frisch Verwitweten« ohne Scheu und ohne große Erklärungen ihre Verzweiflung, den Schmerz, die Wut von der Seele schreiben, hier können sie mit anderen Kontakt aufnehmen, mit Frauen und Männern, die schon länger allein leben, mit oder ohne Kinder, die »das ganz normale Chaos der Trauer« schon erfahren und durchlebt haben und so den Neuen Mut machen können: dass der Schmerz nicht so unerträglich bleiben wird wie er sich am Anfang anfühlt, dass man die Trauer zulassen und aushalten, den Schmerz und die Verzweiflung durchstehen kann, dass man sogar – irgendwann, aber es dauert, solange es dauert – lernen kann, was zunächst noch unmöglich erscheint: mit der Trauer zu leben.

In den folgenden Wochen habe ich viel gelesen: in den Foren, wo der Erfahrungsaustausch unter den Community-Mitgliedern stattfindet, in der Prosa- und Gedichtsammlung, wo nicht nur klassische Trauertexte, sondern auch selbst verfasste Gedichte zu finden sind. Auch in der Rubrik »in memoriam« fand ich berührende Texte, im Bereich Fachliteratur hilfreiche Buchtipps, ich fand zunehmend Hinweise auf Veranstaltungen, Workshops, las Aufrufe zur Gründung neuer Ortsgruppen …

Anfang November 2002 füllte ich das Registrierungsformular aus, wurde Mitglied der Community und des Vereins verwitwet.de e.V. (Dieser war im Oktober 2001 gegründet worden um den Erhalt und den Ausbau der Homepage langfristig zu sichern).

An einem späten Abend Ende November las ich im allgemeinen Forum den Beitrag einer jungen Frau, die wenige Wochen zuvor ihren Partner, ihren Liebsten, verloren hatte:

»Morgens küssen & bis bald, mittags der Anruf und dann mein toter Mann in einem Krankenhaus in einer fremden Stadt, das ist alles unglaublich …«

Ihre Worte berührten mich sehr, auch deshalb, weil der Tod ihres Liebsten so ganz anders geschehen war: nicht als ein zu erwartendes, zuletzt vielleicht sogar herbeigesehntes Sterben nach langer Krankheit, sondern als eine brutale Zäsur, ein plötzlicher Tod, ohne jede Möglichkeit der Vorbereitung und des Abschiednehmens.

»Ich weigere mich ihn gehen zu lassen … er war so lebendig und jetzt muss er doch irgendwo sein, aber wo, und warum kann ich nicht zu ihm? … Ich bin so verwirrt, so traurig, so verlassen, unsere Liebe war wie eine Heimat für mich … wo gehöre ich denn jetzt hin?«

Und es berührte mich, wie diese tapfere Frau inmitten ihres eigenen Schmerzes den Blick auch auf andere Trauernde richtete, die Verbundenheit mit ihnen ins Bewusstsein und zum Ausdruck brachte:

»… So bin ich hier gelandet und habe viele Beiträge gelesen und bin fassungslos, wie viele andere Menschen in dieser Welt trauern, und bis vor drei Wochen war mir das gar nicht klar und ich lebte in der Arroganz der vom Tod Verschonten … Und nun bin ich so unvorbereitet und so bedürftig.«

Neben vielen anderen Beiträgen war es vor allem dieser, der mich ein knappes Jahr später auf den Gedanken brachte, zusammen mit einigen Mitstreiterinnen und Mitstreitern aus der Community eine Auswahl von Texten aus dem umfangreichen Archiv der Homepage – allein das allgemeine Forum umfasste zu diesem Zeitpunkt knapp 7000 Einzelbeiträge – zu einem Lesebuch zusammenzustellen. So wollte ich besonders eindrückliche, hilfreiche, ermutigende Texte stärker hervorheben und würdigen. Texte, die über die Lebenssituation jung Verwitweter, über ihr Denken und Fühlen realistisch und authentisch Auskunft geben. Dieses Lesebuch sollte den wertvollen Schatz an Trauer- (das heißt: Lebens-)Erfahrungen auch anderen, Interessierten und / oder selbst Betroffenen zugänglich machen.

Auf der Suche nach einem Community-Mitglied, das ich für dieses Buchprojekt begeistern und gewinnen könnte, auch um gemeinsam über die Umsetzung der Buchidee nachzudenken, nahm ich Kontakt zu Susanne in Bonn auf, schickte ihr eine Mail und berichtete von meinem Vorhaben …

… Fast wäre meine Mitarbeit an diesem Buchprojekt beendet gewesen, bevor sie begonnen hatte, löschte ich doch Gerds erste Mailanfrage. Unbekannter Absender, das kann nichts Gutes sein! War es aber doch, mit das Beste, was mir im November 2003 passieren konnte.

Die Arbeit an diesem Buch hat mir viel gegeben. Zunächst eine Perspektive, war ich doch gezwungen, weit voraus zu denken, wo ich bisher keinen Gedanken an eine kommende Woche fassen wollte. Meine Abende verbrachte ich meist allein. Nun hatte ich reichlich zu tun, die Zeit füllte sich. Ich konnte mich wieder auf mich verlassen und meine Zusagen einhalten. Ich konnte gestalten, überlegen, versuchen, verwerfen und wieder beginnen.

Auf eine angenehme Art war ich weniger einsam, jede Menge Geduld, Interesse und Wertschätzung wurden mir in unserem Zweierteam zuteil. Es gab zunehmend mehr Tage, an denen es mir gut ging, und ich lernte, dass sich die Traurigkeit und das Leben nicht ausschließen.

Und nun freue ich mich über das Ergebnis unserer Arbeit und auf das Erscheinen unseres Buches. Ich freue mich, trotzdem dieses Buch nicht entstanden wäre, hätte ich meinen Liebsten nicht durch seinen Tod verloren. Ich freue mich, weil es gelungen ist dem Verlust mit Hoffnung zu begegnen, nach dem ganz Schlimmen etwas Gutes und Hilfreiches zu schaffen, auch als Ausdruck meiner Liebe zu Michael.

Auf eine Art hat mich das Leben zurück, andere Weisen werden folgen. Wenige Tage vor Ende des zweiten Jahres nach Michaels Tod werden wir das Manuskript beim Verlag einreichen. Wieder geht etwas zu Ende, und ich gestehe, ich bin neugierig, was das Jahr drei und die folgenden bringen werden. Bleiben werden mir die schönen Erfahrungen bei der Arbeit an diesem Buch, dazu Dankbarkeit und Freundschaft zu meinem Mitstreiter im Norden …

Auf der Homepage gab es für uns beide nun einen Schatz an Texten zu bergen. Das Ergebnis unserer Suche ist dieses Buch. Außer uns beiden haben sich sieben weitere Community-Mitglieder an der nicht nur zeitaufwändigen Recherche beteiligt, galt es doch insgesamt weit mehr als 10 000 Einzeltexte aus den Foren bzw. Archiven der Homepage zu durchforsten.

Im Buch haben wir die ausgewählten Texte nach inhaltlichen Kriterien geordnet und in 12 Themenkreisen (Kapiteln) gebündelt. Die Textauswahl konzentriert sich dabei im Wesentlichen auf den Erfahrungsaustausch über Trauerprozesse. Dabei werden der Abgrund der Trauer, die Einsamkeit und Verzweiflung in den ersten Wochen und Monaten nach dem Tod des Partners ebenso thematisiert wie die tröstliche und ermutigende, am Beginn des Trauerweges noch undenkbare Erfahrung von Trauernden/jung Verwitweten, dass man lernen kann, nicht nur mit der Trauer (weiter) zu leben, sondern dass früher oder später auch die Freude am Leben – oft sogar dann mit besonderer Intensität – wieder zu spüren sein wird: »… und das Leben bekommt mich zurück.«

Andere Aspekte und Themen, mit denen sich Verwitwete gleichwohl auseinander setzen müssen, werden dagegen nur am Rand behandelt: zum Beispiel die rechtlichen und finanziellen Probleme als Folge von Verwitwung, Probleme im Zusammenhang mit Berufsarbeit und Kinderbetreuung, das Thema Rentenansprüche, die Frage staatlicher Hilfe für Betroffene. Dies alles wird nur ansatzweise angesprochen, auch wenn diese sozialpolitische Thematik ebenfalls Stoff für ein ganzes Buch liefern dürfte.

Zum Inhalt des Lesebuchs: Nach einer eher fachwissenschaftlich akzentuierten Einführung durch die Trauerbegleiterin und Autorin Chris Paul (Trauerprozesse definieren – Vom Abschiedsdogma zur Erinnerungskultur) stehen in 12 Kapiteln die im Inhaltsverzeichnis genannten Themenkreise im Mittelpunkt, jeweils kurz eingeleitet von Chris Paul (Kap. 1–4), Susanne Oberndörfer und/oder Gerd Laudert-Ruhm.

Wir danken unseren Mitstreiterinnen Karin Hohlenburger (München), Birgit Ahrens, Ulla Engelhardt (Hamburg), Janine Medler-

Graeber (Duisburg), Sonja Gemlau (Sande / Nds.) und Mitstreitern Jörg Depenbrock (Herford) und Stephan Mombartz (Köln). Wir danken Chris Paul für ihr Interesse an unserem Buchprojekt und für ihre Beiträge.

Unser größter Dank gebührt – neben Oliver Scheithe, ohne den es weder die Homepage noch die Community gäbe und folglich ein Buch wie dieses gar nicht hätte entstehen können – den Menschen der Community, denn es sind *ihre* Texte und *ihre* Erfahrungen, die hier veröffentlicht und so anderen zugänglich gemacht werden. Dank auch für die Zustimmung zum Abdruck der Texte – das Buch enthält insgesamt rund 240 Beiträge von 150 Verfasserinnen und Verfassern.

Nicht zuletzt danken wir unserer Lektorin, Marlene Fritsch, für die schöne und vertrauensvolle Zusammenarbeit.

Walsrode / Bonn, im Oktober 2004

Gerd Laudert-Ruhm
Susanne Oberndörfer

Trauerprozesse betrachten – Vom Abschiedsdogma zur Erinnerungskultur

Von Chris Paul

Die letzten 20 Jahre

Der Blick auf Trauerprozesse hat sich merklich verändert in den vergangenen 20 Jahren. Als ich 1985 im Alter von 22 Jahren den Tod meiner Partnerin erlebte, gab es kein Selbsthilfebuch, kaum Trauergruppen und schon gar kein Internetforum zum Thema Trauer, denn das Internet war noch nicht erfunden. Damals begann jedoch – für mich noch nicht bemerkbar – ein Wandel im Umgang mit Sterbe- und Trauerprozessen. Die Hospizbewegung richtete den Blick auf Sterbeprozesse in Krankenhäusern und Altenheimen, die allzu oft abgeschoben in Abstellkammern oder Waschräumen stattfanden, um die Weiterlebenden nicht zu beunruhigen und das Pflegepersonal nicht mit Aufgaben zu konfrontieren, denen sie sich nicht gewachsen fühlten. Der Gedanke eines bewussten und begleiteten Sterbens wurde für immer mehr Menschen wichtig, Hospizinitiativen setzten sich dafür ein. Gleichzeitig entstanden vereinzelt Projekte zur Trauerbegleitung, vom Tod eines geliebten Menschen Betroffene, Therapeutinnen und Therapeuten und Wissenschaftlerinnen und Wissenschaftler wurden aktiv. Wie die Hospizbewegung profitierte auch die sehr viel kleinere Bewegung zur Begleitung und Erforschung von Trauerprozessen wesentlich von Impulsen, Büchern und persönlichen Anstößen aus dem englischsprachigen Raum, in dem »Death, Dying and Bereavement« schon lange anerkannte Lehrfächer in verschiedensten Ausbildungsgängen sind. Dazu gibt es gut geförderte Forschungsvorhaben, und die Veröffentlichungen zu diesen Themen im Selbsthilfe- wie im Wissenschaftssektor sind kaum noch überschaubar.

Trauernde als Expertinnen und Experten in eigener Sache

Während in der englischsprachigen Literatur ein starker Fokus auf Wissenschaftlichkeit und Theoriebildung zu beobachten ist, hat das Thema Trauern an deutschen Hochschulen und in deutschen Forschungsvorhaben noch keinen eindrucksvollen Platz gefunden. Wir suchen vergeblich nach Lehraufträgen, Fachzeitschriften, wissenschaftlichen Kongressen dazu. Das ist einerseits bedauernswert, auf der anderen Seite hat es eine Stärkung der Selbsthilfe begünstigt, wie auf der Homepage von verwitwet.de eindrucksvoll sichtbar wird.

An die Stelle von Expertinnen und Experten, die über Trauer und Trauernde sprechen, sind die Trauernden selbst getreten, als Experten in eigener Sache.

In den frühen Veröffentlichungen zu Trauerprozessen ist zu lesen, Menschen in Deutschland hätten das Trauern verlernt, wüssten mit diesem elementaren menschlichen Prozess nichts mehr anzufangen, seien gefangen in ihren Ängsten vor tiefen Gefühlen und Lebenswahrheiten. Dies mag für einen Teil der Bevölkerung heute noch gelten. Doch daneben ist eine große Gruppe von Menschen getreten, die sich selbstbewusst mit ihren Verlusten auseinander setzen und einfühlsam die Trauerprozesse anderer begleiten und unterstützen. Trauer ist nicht mehr das große Tabuthema, das es noch vor zwanzig Jahren war. Zugegeben, noch immer gibt es Menschen, die von Nachbarn berichten müssen, die aus lauter Angst, etwas Falsches zu sagen, die Straßenseite wechseln. Es gibt auch immer wieder Freunde und Verwandte, die hilflos, gleichgültig oder abwehrend auf Menschen in Trauer reagieren. Auch Bestattungsunternehmen, Pfarrerinnen und Pfarrer, Ärztinnen und Ärzte und Pflegepersonal gehen nicht immer so sensibel, geduldig und unterstützend mit Angehörigen um, wie dies sinnvoll wäre. Aber: viele Menschen aus dieser Gruppe tun es bereits.

Eine Community von Witwen und Witwern

Der gesellschaftliche Umgang mit einem Thema besteht immer aus verschiedenen, teilweise gegenläufigen Strömungen. Der Umgang mit der Trauer in Deutschland zeigt uns nebeneinander verschiedene Formen des Trauerns: einerseits traditionelle Formen, die in Dorfgemeinschaften noch lebendig sind und oft als sehr hilfreich erlebt werden. Daneben die Tabuisierung und Abwehr der Tatsache, dass Menschen sterben und dass das bei den Weiterlebenden heftige Gefühle, eine intensive gedankliche Auseinandersetzung und oft eine veränderte Art des Seins und der Lebensführung auslöst. Jedoch zeigt sich auch eine zunehmende Bewusstheit für das, was nach dem Verlust eines vertrauten Menschen geschieht – für einzelne, für Familien und Gruppen. Exemplarisch haben sich junge verwitwete Menschen als »Community« definiert. Das Tabu, das Trauernde zu Außenseitern machen kann, wird hier abgelöst durch die Bildung einer selbstbewussten Gemeinschaft, in der Geben und Nehmen oft ein und dasselbe sind. Eines der häufigsten Worte, das ich auf der Homepage gelesen habe, war das Wort »Danke«: *»Danke, dass du diese Frage gestellt hast, du hast mir aus der Seele gesprochen.« – »Danke, dass du es gewagt hast, dieses heikle Thema auszudrücken.« – »Danke für deine Antwort und deine Erfahrungen.« – »Danke, dass es dich/euch gibt.«*

Die hier ausgedrückte Solidarität hat für mich beim Lesen nichts sektenhaft in sich Geschlossenes gehabt. Stets bleibt ein intensiver Bezug zu anderen Menschen jenseits des Internetkontakts spürbar, zu den eigenen Kindern, Freunden, Verwandten, potentiellen neuen Partnerinnen und Partnern.

Viele Wege, Trauernde zu begleiten

Junge Menschen nutzen das Medium Internet – ältere Verwitwete haben diese Möglichkeit oft nicht. Kontakt und Austausch mit anderen Betroffenen in einer ganz ähnlichen Situation sind eine von vielen Möglichkeiten Trauernde zu unterstützen und hilfreich zu begleiten. Vielen Menschen ist das, was sie mit ihren Freunden und Verwandten teilen können, genug. Andere suchen das »Expertentum« anderer Betroffener, das kann in geleiteten Trauergruppen, in offenen Selbsthilfegruppen oder in Chats und Foren des Internets geschehen. Wieder andere profitieren von einer ehrenamtlichen Begleitung oder einer stärker therapeutisch ausgerichteten Trauerbegleitung am meisten.

In vielerlei Hinsicht ist das Denken und Handeln zum Thema Trauer in einer Entwicklung zu beobachten, weg vom Dogma eines einzig »richtigen« Trauerns hin zu einer Kultur der vielfältigen Trauerwege und Trauerbegleitmöglichkeiten.

Was heißt Loslassen?

Diese Bewegung ist auch in den theoretischen Überlegungen zum Trauerprozess abzulesen.

Vor zwanzig Jahren gab es in Deutschland einzig Phasenmodelle des Trauerns zu lesen und zu lernen. Ausgehend von John Bowlby und Elisabeth Kübler-Ross wurden Trauerprozesse eingeteilt in vier oder fünf Phasen, die allesamt in der menschlichen Psyche verortet wurden. Trauerprozesse wurden betrachtet wie Krankheitsverläufe oder, positiver formuliert, wie Gesundungsprozesse, die mit der Verleugnung eines Verlusts beginnen und über verschiedene Gefühle und Beschäftigungen mit dem verstorbenen Menschen zu einem neuen Verhältnis zu sich selbst und zur Welt allgemein führen, in der der verstorbene Mensch keine oder so gut wie keine Rolle mehr spielt.

Es gibt in Bezug auf die Beschäftigung mit dem Thema Trauer einige Worte, die oft zu falschen Assoziationen führen – Trauerarbeit ist so eines. Im Lauf der »Trauerarbeit« sollte eine möglichst gründliche Ablösung von der oder dem Toten stattfinden. Dies sollte vor allem durch das »Loslassen« geschehen, ein weiteres Wort mit einer missverständlichen Bedeutungsgeschichte. Das berüchtigte Loslassen wurde und wird von vielen Trauernden als »fallen lassen« interpretiert, etwas, das sie unmöglich tun können. Ebenso ist es für viele Trauernde nicht zumutbar, eine mehr oder weniger vollständige Ablösung ihrer Gefühle und Gedanken von den Toten (so forderte es Freud) zu erreichen. Ich zitiere an dieser Stelle aus dem Forum von verwitwet.de: *»Hallo T., ich habe mal eine Frage an Dich: Wie kommst Du auf den Gedanken Deinen verstorbenen Mann »vergessen« zu sollen/zu müssen? Mein Mann ist seit 5 Jahren nicht mehr bei mir und ich lebe seit 2,5 Jahren wieder mit meinem neuen Partner zusammen. Auch er hat seine Frau verloren, und wir beide kämen niemals auch nur auf den Gedanken unsere Verstorbenen zu vergessen!!!«*

J. W. Worden war der Theoretiker, der diesen Widerspruch vieler Angehöriger bei der Neuformulierung seiner »Aufgaben des Trauerns« aufgegriffen hat. In der ersten Fassung hatte er als vierte Aufgabe des Trauerns formuliert: »Emotionale Energie abziehen und in eine andere Beziehungen investieren« (Worden 1991, Übersetzung durch die Autorin). Der Widerspruch trauernder Eltern brachte ihn dazu, diese Formulierung grundlegend zu verändern. Anstelle der mechanisch erscheinenden Vorstellung, neue Beziehungen seien nur mit der Energie möglich, die nach Aufgabe einer alten frei werde, setzt Worden nun die Formulierung: »Den Toten einen neuen Platz zuweisen« (Worden 1991). Verstorbene müssen nicht aus der Erinnerung, dem täglichen Denken und Sprechen der Hinterbliebenen verschwinden, damit diese ein glückliches und den Lebenden zugewandtes Leben führen können. Die Verstorbenen dürfen und müssen oftmals einen Platz in den Köpfen, Herzen und auch in dem Alltag der sie liebenden Menschen behalten. Wichtig ist dabei, dass dieser Platz ein neuer Platz ist – die Bindung an einen lebenden Menschen ist naturgemäß eine andere als die an einen verstorbenen.

Dieser »neue Platz« ist am einfachsten für Menschen zu finden, mit denen wir eine konfliktfreie, durchgehend positive Beziehung hatten, und die so gestorben sind, dass wir es als »guten Tod« nach einem »erfüllten« Leben bezeichnen und damit in inneren Frieden leben können. Aber für wie viele unserer Beziehungen gelten diese idealen Bedingungen?

Ein neuer Platz braucht vollständige Erinnerungen

Wenn ein Mensch vor dem Partner / der Partnerin stirbt, noch relativ jung ist und Kinder im Kindes- oder Jugendalter zurücklässt, kann das von den Angehörigen nie als Tod zu einem richtigen Zeitpunkt empfunden werden. Weder plötzliche Tode, z. B. durch einen Unfall oder einen Gehirnschlag, noch das Sterben an einer mit Schmerzen und langem Leiden verbundenen Krankheit können einfach als »gutes Sterben« empfunden werden. Die Erlebnisse mit diesen Toden und die Erinnerungen daran sind von Schrecken und innerem Zurückweichen gekennzeichnet. Die Konfrontation mit einem solchen Tod ist oft so überwältigend, dass sie eigentlich nicht zu ertragen ist. Die Erinnerung an den gestorbenen Menschen kann nach einem solchen Tod vollkommen von den Erinnerungen an die Leidenszeit, den körperlichen Verfall, die Belastungen der Beziehung und der Familie durch den Krankheitsprozess überlagert sein, oder bei plötzlichen Todesursachen von dem Schock der unerwarteten Todesnachricht, dem fehlenden Abschied und dem unvorbereiteten Umsturz der eigenen Lebensumstände. Erinnerungen an den lebendigen Menschen, an die geteilte Liebe und Verbundenheit können hinter den Schrecknissen eines Sterbens verschwinden. Wenn dies geschieht, wird das Zuweisen eines »neuen Platzes« erschwert, denn dazu ist eine möglichst vollständige Erinnerung an den toten Menschen nötig.

Eine möglichst vollständige Erinnerung fällt uns oft auch schwer, wenn die Erinnerungen widersprüchlich sind, wenn ein Mensch uns Glück, aber auch Enttäuschungen gebracht hat, wenn wir ihn geliebt und ersehnt haben, aber auch wütend auf ihn waren und unter manchen seiner Eigenschaften gelitten haben. All das ist ganz normal für Liebes- und Partnerschaftsbeziehungen, auch für die Beziehungen zwischen Eltern und Kindern. Menschen, die ihre Partnerin/ihren Partner verlieren, und Kinder, Jugendliche, deren Vater oder Mutter früh sterben, sind auf die Bereitschaft anderer angewiesen, viel und oft über den toten Menschen sprechen zu können. Die Maxime »Über Tote spricht man nur Gutes« verhindert oft ein ehrliches Erinnern und Nachdenken über den Menschen. Das führt dazu, dass gerade die verschwiegenen Eigenschaften der Toten und die dadurch ausgelösten Gefühle der Weiterlebenden ein hartnäckiges Schattendasein führen. Ein neuer Platz für die Verstorbenen braucht ein rundes und möglichst vollständiges Bild von ihnen und von der Beziehung zu ihnen. Das kann von Familien viel Geduld und Toleranz erfordern, denn in jeder Beziehung zeigt ein Mensch sich von einer anderen Seite. Ein neuer Platz für die positiven *und* die negativen Seiten eines Menschen, seines Lebens *und* seines Sterbens, der Beziehung zu ihm oder ihr *und* des Abschieds vom Zusammenleben in dieser Welt ist komplizierter als eine generelle Forderung nach »Loslassen«.

Anders werden

Trauernde sehen sich mit dem Paradoxon konfrontiert, dass sie mit einem Verlust, einem »Weniger als vorher« leben lernen müssen. Mit diesem »Weniger« kommt jedoch gleichzeitig auch ein »Mehr als zuvor« in ihr Leben. Sie müssen lernen, mit den Erinnerungen, mit fortbestehender Liebe, mit Träumen und Wahrnehmungen von den Verstorbenen zu leben. Dabei verändern sie sich. Ich zitiere noch einmal aus dem Forum von verwitwet.de:

»Liebe U., nein, wir werden nicht wieder die sein, die wir mal waren. Der Tod des liebsten Menschen, des engsten Vertrauten hat uns verändert. Wir sind feinfühliger geworden, nehmen kaum mehr irgendetwas als selbstverständlich hin. Die Werte haben sich verschoben, und wir haben gelernt (oder lernen noch) neue Wege zu gehen. Das ist in meinen Augen

eine sehr positive Veränderung, die wir an uns selbst akzeptieren sollten. Wenn wir mit uns selber zufrieden sind, vermissen unsere Freunde auch nicht mehr »die alte« Freundin. So wie wir den Tod akzeptieren mussten, müssen wir unser neues, anderes Leben annehmen. Herzlich, J.«

Der Tod eines vertrauten Menschen verändert die eigene Sicht auf die Welt, er verändert aber auch die Sicht der Welt auf uns. Eine Witwe/ein Witwer wird anders angesehen und behandelt als ein Mensch in einer festen Partnerschaft. Alleinstehende, noch dazu verwitwete, lösen Mitleid aus und auch Angst, weil sie so deutlich vor Augen führen, wie unsicher das menschliche Leben ist. Ihr Kummer, ihre wirtschaftliche Notlage, ihre emotionale und ganz praktische Bedürftigkeit können andere provozieren und abschrecken oder zu unerwarteten Hilfeleistungen motivieren. Ein Trauerfall ist meist ein Test für Freundschaften und Familienbeziehungen. Worden formuliert daher als dritte Aufgabe des Trauerns: »Veränderungen in der Umwelt wahrnehmen und gestalten.«

Was ist erlaubt beim Trauern?

Trauerprozesse sind nicht nur individualpsychologisch zu verstehen, sie haben eine große soziologische, also mit der Gemeinschaft und Gesellschaft verbundene Komponente. Dazu gehört auch, dass sie sich im Rahmen gesellschaftlicher Regeln und Normen bewegen. Vor 40 Jahren war ein Begräbnis ohne schwarze Trauerkleidung undenkbar, heute wird in manchen Traueranzeigen darum gebeten, auf schwarze Kleidung zu verzichten. Für Witwen und Witwer galt früher das »Trauerjahr« als bindend, die Teilnahme an Feierlichkeiten, das Tragen bunter Kleidung und vor allem der Beginn einer neuen Partnerschaft waren verpönt. Heute sehen sich jung Verwitwete zwischen dieser alten Regel und moderneren Forderungen, möglichst schnell »ins Leben zurückzukehren«, wieder fröhlich und »normal« zu sein. Wer sich länger als ein Jahr nicht frisch verliebt, gilt schnell als rückwärts gewandt, sogar »krank«, angeblich trauert er oder sie dann nicht richtig. Wer sich neu verliebt und bindet, wird oft genauso schräg angesehen und es wird ihm unterstellt, die alte Liebe sei nicht stark und ehrlich gewesen. Die Community der jung Verwitweten wehrt sich gegen solche Zuschreibungen von außen und setzt sich aus der eigenen Betroffenheit heraus mit den Fragen nach der Vereinbarkeit von alter und neuer Liebe auseinander. Dazu noch ein Zitat: »*Alles im Leben hat seine Zeit, das ist einer unserer Sprüche, die uns sehr gefallen. Wir hatten die Zeit mit unseren verstorbenen Partnern, waren sehr glücklich und leben jetzt in der Gegenwart – in unserer Zeit – und sind auch wieder sehr glücklich und lieben uns. Vielleicht verwechselst Du das »Loslassen« der Verstorbenen mit »Vergessen«, das aber sind zwei ganz verschiedene Dinge. Liebe Grüße, A.*«

Alles braucht seine Zeit

Alles im Leben hat seine Zeit und braucht seine Zeit. Trauerprozesse lassen sich nicht künstlich beschleunigen, ihr natürlicher Verlauf lässt sich aber unterstützen oder erschweren. Das gilt für die ersten beiden der von Worden formulierten Traueraufgaben – »Die Vielfalt der Gefühle durchleben, den Trauerschmerz erfahren« nennt er die zweite Aufgabe. Widersprüchliche Gefühle zwischen Liebe, Abwehr, Zorn und Sehnsucht, Schuldgefühlen und Schuldzuschreibungen, Ohnmacht, Rachegelüsten, eigenen Todeswünschen, Dankbarkeit für das gemeinsam Erlebte und Verzweiflung über alles, was nicht mehr zusammen gelebt werden kann gehören in jeden Trauerprozess wie Momente der Empfindungslosigkeit und Stumpfheit.

Nichts Fühlen und nichts Verstehen sind normale Teile des Trauerprozesses. Worden formuliert als erste Traueraufgabe: »Die Wirklichkeit des Verlustes und des Todes begreifen.« Das kann durch dramatische oder leiderfüllte Todesumständen erschwert werden, ebenso durch mangelnde Informationen über den Sterbeprozess und die Todesumstände. Das Sterben und der Tod eines geliebten Menschen wollen von vielen Menschen im wörtlichen Sinn »begriffen« werden, sie brauchen sinnliche Erfahrungen mit dem Tod, um ihn langfristig verstehen und betrauern zu können. Das gilt für Erwachsene ebenso wie für Kinder. Das alle Sinne umfassende Verstehen eines Sterbens oder eines Todes wird von den meisten Menschen als äußerst hilfreich erlebt, solange es in einem würdevollen Rahmen und mit ihrer Einwilligung und zu ihren Bedingungen stattfindet. Insbesondere für Kinder und Jugendliche sollten nach dem Tod eines Elternteils Möglichkeiten des »Begreifens« geschaffen werden, wie beispielsweise ein Abschied am offenen Sarg, die intensive Beteiligung bei der Grabpflege, selbstverständliches Reden über den verstorbenen Elternteil und auch die Bereitstellung von Erinnerungsstücken wie Fotos (im Leben und im Tod) und Gegenstände der / des Toten.

Der Kreis der Traueraufgaben schließt sich hier – das Leben eines Menschen ist wie eine Geschichte, sie hat einen Anfang, einen langen Mittelteil und ein Ende. Nur wer die ganze Geschichte eines verstorbenen Menschen kennt, kann sie in ihrer Essenz zusammenfassen, tradieren und verstehen, was sie mit dem eigenen Leben zu tun hat, und so dem verstorbenen Menschen einen angemessenen (neuen) Platz zuweisen.

All dieses braucht Zeit, mehr Zeit als ein Abschnitt von sechs Wochen oder einem Jahr. Trauerprozesse können ein Leben lang dauern, ohne uns zu belasten, wenn wir sie mit der vergehenden Zeit immer stärker in ihren positiven Anteilen von Dankbarkeit, liebevoller Erinnerung, Verinnerlichung des in der Beziehung Gelernten und Leben eines positiven Vermächtnisses erleben.

Ich hoffe, dass dieses Buch vielen Menschen Mut macht, die Angst vor Trauerprozessen abzubauen, sich auf den dunklen Seiten ihrer Trauerwege nicht gänzlich allein zu finden und die helleren Seiten des Trauerns ebenfalls mit vielen anderen teilen zu können.

1 Tod nach Krankheit und plötzlicher Tod

Die meisten Menschen wünschen sich für sich selbst einen schnellen Tod – was wünschen wir uns für unsere Angehörigen?

Plötzliche Tode nehmen jede Möglichkeit des gemeinsamen Abschieds. Es kann nichts mehr ausgesprochen, nichts mehr geklärt werden. Diese Tode kommen immer wie ein Schock über die Lebenden, weil es keine Vorbereitungszeit, keine Gewöhnung an den Gedanken gibt, dass er oder sie sterben wird. Es gibt auch keine Möglichkeit, das Sterben in einer respektvollen, würdigen Umgebung zu Hause oder im Hospiz zu erleben. Plötzliche Tode haben oft so genannte »nicht natürliche Todesursachen«, bei denen die Polizei ermitteln muss und der Leichnam zunächst beschlagnahmt und polizeilich untersucht wird, bevor die Angehörigen – oft erst nach Tagen – die Gelegenheit bekommen, ihre Verstorbenen zu sehen, herzurichten und sich von ihnen zu verabschieden. Schreckliche Fantasiebilder entstehen da, wo es kein Wissen um die Todesstunde gibt. Plötzliche Tode verbinden das Thema Sterben oft mit Schock, Schreck, Nichtwissen und mangelndem Beteiligtsein. Dann fällt es schwer, den Tod als etwas Natürliches zu empfinden oder eine positive Vorstellung vom Sterben zu entwickeln.

Lange Sterbeprozesse sind auf andere Art schmerzhaft. Auch wenn die Möglichkeit gegeben wäre, sich auszusprechen und auf die Zeit nach dem Tod vorzubereiten, kann das aus vielen Gründen oft nicht getan werden. Lange Krankheitsverläufe bringen viele kleine und große Verluste mit sich, es ist schwer auszuhalten, wenn der oder die Geliebte immer kränker und schwächer wird, wenn Schmerzen ein unerträgliches Maß erreichen und die partnerschaftliche Liebesbeziehung immer mehr von medizinischer Pflege, Rücksichtnahme und quälendem Warten beeinflusst wird. Die Erinnerungen sind danach oft beherrscht von den Bildern des Leidens und der eigenen Hilflosigkeit.

Der Mensch, der gelebt und geliebt hat, der das Leben anderer bereichert und beeinflusst hat, sollte nicht auf Dauer hinter Bildern des Schreckens oder des Leidens verloren gehen.

Wir waren immer so zuversichtlich

31. Jan. 2003 @ verwitwet.de

Im November 2001 wurde er dann krank. Diagnose: Speiseröhrenkrebs. Wir waren geschockt. Dann haben wir das komplette Programm mitgemacht, OP, Bestrahlung, Chemo usw. Wir waren immer so zuversichtlich, er hat nie gestöhnt, sondern immer noch alle anderen getröstet. Aber auch die Zuversicht hat uns nicht weiter gebracht. Die letzte Zeit wurde er pflegebedürftig und ist zum Schluss ganz elendig erstickt.

Ich war jede Minute bei ihm und habe ihn keine Sekunde aus den Augen gelassen. Dafür ist die Leere jetzt wohl doppelt so groß.

Sie schenkte mir dieses letzte Bild

17. Dez. 2003 @ verwitwet.de

Ich habe am 14.04.2003 meine geliebte Frau nach zweijähriger Krankheit verloren. Mehr als 20 Jahre lebten wir gemeinsam unseren Traum. Wir haben viel erreicht, wir hatten noch viel vor. Meine beiden Töchter und ich müssen jetzt lernen, ein neues Leben zu beginnen, aber ohne Mama und Partnerin ist es so verdammt schwer, neue Träume zu träumen und Ziele zu erkennen, wissen wir doch, wir werden sie alleine erreichen, ohne teilen zu können, Fluch der Einsamkeit.

Meiner Frau und mir blieben zwei Jahre, zwei wundervolle Jahre, in denen wir Abschied nehmen konnten und unsere Kinder vorbereitet haben. Wir erfuhren die schönste Zeit in unserem Leben, intensiv, voller Liebe, gemeinsam waren wir gegen die Krankheit stark. Meine Frau kämpfte und gab uns den Mut zum Weitermachen. Der Preis, den wir bezahlen mussten, war hoch.

Es kam die Nacht, die letzte Nacht, es folgte der letzte Tag. Meine Frau war müde geworden, ihr Kampf hatte ihr alles abverlangt. Wir hielten unsere Hand, eine lange Nacht, einen langen Tag. Der Druck ihrer Finger signalisierte mir, sie wollte noch nicht aufgeben.

Die Ärzte konnten nur noch versuchen ihre Schmerzen zu lindern. Wie absurd, Morphin sollte den Kampf meiner Frau beenden. So konnte sie wenigstens in Ruhe und ohne Schmerzen einschlafen.

In den letzten Minuten saß ein Bruder meiner Frau neben mir. Ich hielt die rechte Hand meiner Frau, er die linke. Dann der letzte Atemzug. Mein Herz schien zu brechen, ich umarmte meine Frau, ein letztes »Ich liebe Dich«. Dann geschah etwas Geheimnisvolles: Ich stand auf und blickte zu ihr. Sie schien plötzlich zu lächeln, ihr Gesicht sah völlig entspannt aus, und ihre Haut war weich wie Samt.

Ich spürte in diesem Moment keine Trauer, keinen Schmerz, mir wurde warm ums Herz, unser Leben zog an mir vorbei. Ich war glücklich und stolz, dass ich mit dieser wundervollen Frau so viele Jahre verbringen durfte. Nach zwei Jahren konnte sie jetzt friedlich einschlafen, die Last war genommen. Sie schenkte mir dieses letzte Bild.

Keine Vorwürfe

8. März 2002 @ verwitwet.de

Was hätte es ihm und uns gebracht, wenn ich mir gewünscht hätte, dass er noch möglichst lange lebt? In diesem sich unaufhaltsam verschlechternden Zustand? Nein, ich habe auch kein schlechtes Gewissen, dass ich im Endstadium gewünscht und gebetet habe, es möge schnell gehen. Und ich bin froh und dankbar, dass es ihm vergönnt war.

Ich mag ja bei dem einen oder anderen anecken mit meiner Meinung, aber wenn etwas hoffnungslos ist und mit so vielen Behinderungen, Lebenseinschränkungen, Schmerzen verbunden ist *und* der Patient (so wie mein Mann) der Meinung ist, nun ist es genug – dann ist es in Ordnung für ihn zu wünschen und zu beten, dass es bald vorbei ist. Denn dann kommt es nur noch auf seinen Wunsch an und nicht darauf, dass wir, die wir zurück bleiben, dann eher diesem nicht vermeidbaren Schmerz ausgesetzt sind. Ich möchte nicht wissen, wie viele Angehörige von Sterbenden eher ihr eigenes Leid, das sie nach dem Tod haben werden, in den Vordergrund stellen und nicht an den Sterbenden denken, der vielleicht (oder sicher) nur noch frei sein will von der Last der Krankheit.

Ich stehe zu meiner Meinung, denn in den letzten beiden Wochen ging es nur noch – ausschließlich nur noch – um ihn und nicht darum, ob ich heute oder in acht Wochen seinen Verlust verarbeiten muss. Und ja, es ging auch darum, wie viel wir, unsere Söhne und ich, durch ein längeres Sterben noch aushalten müssen.

Und weil es ihm vergönnt war, nur kurz in einem für ihn unakzeptablen Zustand zu sein, uns nur kurz mit der Vollzeitpflege eines schwerst behinderten Patienten zu belasten, bin ich dem Schicksal und Gott, oder wer auch dafür zuständig ist, zutiefst dankbar.

Ab hier und jetzt können wir weiterleben

11. Juni 2002 @ verwitwet.de

Mein Mann hat zuerst viereinhalb Jahre relativ gut mit der Diagnose Krebs gelebt und war dann ein gutes halbes Jahr krank – bis zur vollständigen Lähmung und Pflegebedürftigkeit. Ich habe ihn die ganze Zeit zu Hause gepflegt, daneben Haushalt und drei Kinder.

Wir vier waren zuerst – neben einer riesigen Traurigkeit – erleichtert, dass das Leiden für uns alle ein Ende hat. Das haben auch die Kinder so kommuniziert, obwohl das jüngste damals erst neun Jahre alt war.

Ich finde, man muss deswegen kein schlechtes Gewissen haben! Niemand, der das nicht selbst miterlebt hat, kann sich vorstellen, was für eine ungeheure Belastung so eine Situation ist. Es ist ja nicht nur die Arbeit, die man hat. Nein, es ist doch viel mehr die psychische Belastung. Das Wissen darum, dass der geliebte Partner sterben wird und man nichts dagegen tun kann. Jedes Mal, wenn man vom Einkaufen zurückkommt, mit bangem Gefühl ins Zimmer gehen, voller Angst, ob er noch atmet. Irgendwann nicht mehr aus dem Haus gehen können, ohne dass jemand zu Hause bleibt, für alle Fälle. Und seine Gedanken NIEMALS, auch nicht für fünf Minuten, vom kranken Partner ablenken können.

Nach dem Tod meines Mannes habe ich sofort wieder versucht intensiv zu leben mit meinen Kindern. Ich hatte einen riesigen Nachholbedarf, hatte das Gefühl, einen ganzen Sommer verpasst zu haben (die Krankheit brach im April aus, im November starb er), war nicht ein einziges Mal mit den Kindern im Schwimmbad gewesen. Ich wurde manchmal komisch angesehen, dass ich nach so kurzer Zeit schon wieder unter Leute ging. Es ist mir so was von egal, was die Leute denken! Ich habe während seiner Krankheit alles für meinen Mann getan, habe alles andere hintangestellt – ist nicht das die wahre Liebe? Wenn du dich nach seinem Tod nur zurückziehst, nützt das ihm nichts, deinen Kindern nichts und vor allem Dir selber auch nichts. Das Leben geht vorwärts und nicht rückwärts, also müssen wir auch nach vorne schauen. Was gewesen ist, können wir nicht mehr ändern, aber ab hier und jetzt können wir weiterleben.

Ausnahmezustand

14. Feb. 2003 @ verwitwet.de

Ansonsten denke ich vor allem, dass ich während der 15 Monate seiner Krankheit schon viel Zeit hatte um meinen Mann zu trauern, nicht öffentlich, aber innerlich. Dass ich mich in dieser langen Zeit mit Trauer und allem, was dazugehört, auseinander setzen musste. Denn ab Diagnosestellung aus heiterem Himmel war unser Leben äußerlich zwar eher normal und optimistisch, innerlich befand ich mich jedoch ständig in einem Ausnahmezustand, wusste, dass ich funktionieren muss, bin meiner Aufgabe mit all meiner Kraft gerecht geworden. Habe getan, was immer ich konnte. Wir haben verloren, aber so konnte ich meinen Frieden mit dem Tod recht schnell machen.

Seine Krankheit war Bestandteil unserer Beziehung

11. Feb. 2003 @ verwitwet.de

Auch ich bin nach fünfeinhalb Jahren Kampf – zusammen mit meinem Mann und gegen seine Krankheit – nach seinem Tod vor eineinhalb Jahren eigentlich ganz gut zurecht gekommen. Aber ich hatte die Möglichkeit, mich an diesen Gedanken »zu gewöhnen«. Das hört sich jetzt seltsam an, aber vielleicht ist es so, dass wir einen Teil der Trauerarbeit schon geleistet haben, als unsere Männer noch lebten. Ich glaube nicht, dass ich so gut zurecht käme, wenn er einfach vor einen Baum gefahren wäre oder einen Herzinfarkt bekommen hätte. Ich musste mich schon sehr früh mit dem Gedanken auseinander setzen, dass wir nicht zusammen alt werden (als er starb, war ich 31, er 37 Jahre alt), und seine Krankheit war Bestandteil unserer Beziehung, denn er wurde krank, als wir uns erst ein Jahr kannten. Ich weiß, dass ich während der Krankheit oft furchtbar traurig war, denn hinzu kam noch diese Angst, was passiert, wann es passiert, wie es passiert. Und ich gebe zu, es war eine Erleichterung, neben all der Traurigkeit durch seinen Tod doch auch diese Angst nicht mehr haben zu müssen, die wirklich zermürbend war. Wenn ich heute einen Krankenwagen höre und unsere Tochter (2 1/2) an der Hand habe, weiß ich: Der ist nicht für uns.

Was ich sagen will: Es ist wohl ein Unterschied, ob der andere plötzlich und unerwartet oder langsam geht. Wir hatten uns zum Zeitpunkt des Todes einfach schon oft genug vorgestellt, wie es weitergeht, wenn der andere nicht mehr da ist. Das ist eine andere Ausgangssituation als bei vielen anderen hier im Forum. Dennoch: Für meinen Mann hätte ich mir gewünscht, er wäre plötzlich tot umgefallen, denn dann hätte er sich nicht von so vielem in seinem geliebten Leben so schmerzlich verabschieden müssen.

Man hofft bis zum letzten Atemzug

8. Juni 2003 @ verwitwet.de

Ihr seid traurig, weil Eure Männer nicht mehr da sind. Das bin ich auch heute noch. Ihr sagt, es sei schrecklich, einen Mann von einer Stunde auf die andere zu verlieren. Stimmt! Aber es ist schlussendlich immer von einer Stunde, Minute, Sekunde auf die andere. Ich möchte Euch sagen, dass es das gar nicht »besser« macht, wenn ein junger Mann sechs Jahre krank ist! Es ist nur anders! Es ist kein Trost, wenn man das weiß. Man hofft nämlich bis zum letzten Atemzug und will es auch dann noch nicht wahr haben.

Alle haben es gesehen – nur ich nicht

10. März 2003 @ verwitwet.de

Ich vermisse ihn, ich will, dass die Menschen über ihn reden, damit man ihn nicht vergisst. Ich kann mir ein Leben ohne ihn nicht vorstellen, auch wenn ich es schon fast zwei Jahre lebe – und es eigentlich auch gar nicht schlecht hinkriege. Die Zeit zwischen Februar und Mai war die Zeit seines Verfalls. Alle haben es gesehen – nur ich nicht. Ich habe gehofft und war fest davon überzeugt, dass das nur eine schlechte Phase ist, vielleicht zurückzuführen auf die Chemo. Ich habe nicht gesehen, dass das Sterben bereits begonnen hatte. Und trotzdem hat er so gekämpft und all das so tapfer ertragen. Es kommt jetzt alles hoch, und mir kommt alles so entsetzlich und grauenvoll vor, dass ich mich frage, wie wir es damals ertragen konnten. Der Gedanke, was er alles ertragen musste, macht mich fertig! Und das meine ich so, wie ich es sage. Jetzt, nach zwei Jahren, bin ich mehr am Verzweifeln als damals.

Ich lebe diese drei Monate nun schon zum zweiten Mal nach. Und es wird nicht besser. Was für andere Weihnachten ist, sind für mich diese drei Monate. Ich wünsche mir zum ersten Mal, er hätte nicht diese furchtbare Krankheit gehabt, sondern wäre schnell gestorben.

Der Schock kann unterschiedlich sein

18. Dez. 2003 @ verwitwet.de

Der Tod und die Trauer sind so unterschiedlich wie die Menschen, die zurückbleiben. Viele erleben den Tod in Stücken, wenn es sich um eine schwere lange Krankheit handelt. Die Hinterbliebenen haben so zumindest die Gelegenheit, sich vorher mit dem Thema Tod und Verlust auseinander zu setzen, auch wenn es sie den Schmerz, den sie spüren, nicht weniger grausam erleiden lässt.

In meinem Fall war er so abrupt und so hart wie der Unfall selbst. Das Schicksal gab sich so viel Mühe, dies vorzubereiten …

Ich sank zusammen und konnte nicht mehr atmen. Es war so plötzlich und mit so unerbittlicher Härte, was gerade geschehen war, dass ich nichts realisieren konnte. Nach einer Zeit fiel mir der Junge ein, der ja noch am Unfallort war. Irgendwie gelangte ich dann doch zur Unfallstelle und sah meinen Sohn in einem Polizeiwagen. Ich holte ihn da raus; er wusste noch nichts, weil er es nicht mitbekam (mein Sohn ist zu 70 % behindert). Meine Frau lag bereits unter einem weißen Laken. Kein Mensch fragte mich, ob ich noch fahren könnte, und kein Mensch war da, um uns zu stützen. Wie ich genau mit meinem Auto nach Hause kam, weiß ich nicht mehr. Ich wusste nicht, dass noch zwei Seelsorger auf dem Weg zu uns waren. So erklärte ich dem Jungen, was passiert war. Noch nie im Leben war ich so hilflos und so verloren.

Keine Gedanken, nur Bilder, die immer wieder kamen. Von einer Sekunde auf die andere war alles zerstört. Um Mitternacht klingelten dann die Seelsorger. Es war bereits zu spät. Sie konnten nicht mehr trösten oder helfen. Nach einer Zeit gingen sie, und ich war zum ersten Mal so allein, wie ich es noch niemals war.

Der Tod war mir vorher nur in Form von Sterbefällen in der Verwandtschaft begegnet, bei Menschen, die bereits ein stolzes Alter erreicht hatten. Wie es wahrscheinlich bei den meisten Menschen so ist, war er kein Bestandteil unseres Lebens.

Hier sehe ich den Unterschied zu einem Tod »auf Raten«. Die Auseinandersetzung mit ihm ist dort zugegen, wenn es sich z.B. um eine unheilbare Krankheit handelt. Wie gesagt, ich möchte hier nicht den Eindruck erwecken, als wäre der Verlust bei einer Krankheit milder als bei uns. Er ist genauso schrecklich und unumstößlich in seiner Endgültigkeit. Die Liebe ist die Gleiche, die verloren ist. Der Schock kann aber unterschiedlich sein. Hier bei uns war innerhalb der glücklichsten Zeit mit so unerbittlicher Härte binnen Sekunden auf einmal alles zerstört worden, was unser Leben ausmachte. Den Menschen, den ich liebte, gab es nie mehr. Keine Gelegenheit zum Abschied, einfach so war er für immer nicht mehr da. Als hätte ich selber bei einem Unfall eine Amputation erleben müssen, so fühlte ich mich. Es war kein Arm oder ein Bein, sondern ein Teil meiner Seele. Bei einer Amnesie verliert man Teile der Erinnerung an die Vergangenheit. Ich verlor meine »Erinnerung« an unsere Zukunft.

Ich weiß nicht, was schlimmer ist

1. Jan. 2004 @ verwitwet.de

Auch mein Mann ist vor zweieinhalb Jahren ganz plötzlich an Herzversagen gestorben. Ich habe abends auf ihn gewartet, und stattdessen kam ein Anruf aus der Klinik, dass er noch operiert werden sollte. Für mich war es aber am schlimmsten, dass ich ihn vorher nicht mehr sehen durfte und mich von ihm nicht mehr verabschieden konnte. Es war ganz furchtbar für mich und auch für meine drei Kinder, die sehr an ihrem Vater gehangen haben.

Genau drei Wochen später ist meine Mutter an Krebs gestorben, ich hatte sie sechs lange Jahre gepflegt. Ich weiß nicht, was schlimmer ist: jemanden ganz plötzlich zu verlieren oder einen nahe stehenden Menschen langsam sterben zu sehen, ohne ihm helfen zu können.

Ich habe in den letzten beiden Jahren im Haus und ums Haus alles umgestellt, weil ich es nicht ertragen konnte, ständig an meinen Mann erinnert zu werden. Jetzt, wo ich damit fertig bin, habe ich schlimmere Depressionen als je zuvor und denke ständig daran, wie schön es hätte sein können, wenn mein Mann noch leben würde. Wir hatten uns noch so viel vorgenommen, was wir miteinander tun wollten, weil er im Jahr 2004 in Rente gehen wollte.

Auch meine Kinder haben den Tod meines Mannes kaum verkraftet. Besonders meine Tochter (jetzt 16) hat eine dicke Wand um sich herum aufgebaut, sie will sich überhaupt nicht helfen lassen und mag auch nicht mit mir reden, darüber bin ich ziemlich verzweifelt. Ich hoffe und wünsche mir sehr, dass sie sich noch öffnet, wenn nicht mir, dann vielleicht jemand anderem. Sie hat auch Schuldgefühle, weil sie sich mit ihrem Vater am Abend vor seinem Tod gestritten hat und sich nicht mehr entschuldigen konnte. Es ist sehr schwer, damit umzugehen.

Wir hatten überhaupt keine Chance

11. Mai 2003 @ verwitwet.de

Dieses Plötzliche ist das Schlimmste. Ich meine, wenn der Partner krank ist, dann ist es auch furchtbar, aber man weiß, dass man mit dem Tod konfrontiert wird. Doch wir hatten überhaupt keine Chance uns darauf vorzubereiten. Er war plötzlich nicht mehr da, und dein Leben ist von einer Sekunde auf die andere nicht mehr das, was es mal war.

Ich vermisse ihn so sehr, und wir hatten, genauso wie ihr, noch so viele Pläne.

Unvorbereitet

28. Nov. 2002 @ verwitwet.de

So bin ich hier gelandet und habe viele Beiträge gelesen und bin fassungslos, wie viele andere Menschen in dieser Welt trauern, und bis vor drei Wochen war mir das gar nicht klar, sondern ich lebte in der Arroganz der vom Tod Verschonten.

Am 06.11.02 ist mein liebster Michael gestorben, morgens küssen & bis bald, mittags der Anruf und dann mein toter Mann in einem

Krankenhaus in einer fremden Stadt, das ist alles unglaublich. Ich bin so verwirrt, so traurig, so verlassen, unsere Liebe war wie eine Heimat für mich, hier war ich willkommen und dort gehörte ich hin, und nun gibt es diesen Ort, weil diesen Menschen nicht mehr hier für mich und wo gehöre ich denn jetzt hin?

Alles ist anders und alles andere ist wie vorher, und das kriege ich überhaupt nicht geregelt, warum leben die einen und warum sterben andere?

Irgendwie bin ich auch entsetzt über mich, habe einfach so gelebt und gar nicht wirklich gemerkt, wie viel Schmerz und Trauer andere Menschen tragen, habe auch gefragt »wie geht's« und hatte meine Tagesordnung, zu der ich übergehen konnte, und nun bin ich so unvorbereitet und so bedürftig.

Knüppelhart hat mich die Erkenntnis getroffen ...

14. Juni 2002 @ verwitwet.de

... er kommt nie wieder!

Heute vor einem Monat ist er verunglückt und starb einen Tag später an seinen schweren Verletzungen.

Bisher fühlte ich mich so stark, musste mir mehrmals am Tag sogar sagen: Er ist tot, er ist tot, er ist tot! Es drang irgendwie nie direkt zu meinem Innersten vor, berührte mich irgendwie kaum, ich fühlte mich stark, unheimlich stark, wie ich mit der Situation umgehe ...

Dann heute Nacht diese urplötzliche Panikattacke, in der ich nicht Frau meiner Lage werden konnte. Ausgeliefert. Mein Herz hat es fast zerdrückt, ich konnte nicht mehr atmen, musste nach Luft ringen und wurde mit voller Wucht von der Erkenntnis erfasst: ER KOMMT NICHT MEHR ... nie wieder! Er wird auch sein Kind nicht sehen ...

Das tat so weh, so unheimlich weh. Und auch, als ich versuchte meine Gedanken abzulenken, in positive Richtungen zu leiten, es ging nicht, es hat mich einfach so umklammert, dieses Gefühl der hilflosen Ohnmacht!

Den heutigen und morgigen Tag erlebe ich immer wieder, Stunde für Stunde mit, so wie es damals am 17. 5. und am 18. 5. gewesen ist. Erlebe jeden Anruf, jedes Gespräch, jeden Hoffnungsschimmer, und dann das endgültige Aus!!! Es lässt mich einfach nicht los!!!

Und ich bin so wütend auf ihn. Wütend, dass er diesen doofen neuen Fallschirm kaufen musste, mit seinem alten routinierten wäre das einfach nicht passiert, er wäre nun hier bei mir, wir würden ein wundervolles Wochenende (bis zu 33 Grad und wolkenlos) genießen und jeden Tag bangen und zittern, dass unser Baby auf die Welt kommt.

Ich werde derzeit von einer Lawine von Gefühlen überrollt, als wäre ich heute nach 4 Wochen aus einem Dornröschenschlaf erwacht.

Warum

04. Juni 2003 @ verwitwet.de

Ich kann es nicht verstehen. Am Freitagmorgen geht Ralf noch alleine zum Krankenhaus und am Samstagmorgen ist er tot. Ich verstehe es nicht. Wie kann heutzutage ein junger, gesunder Mann an einer Grippe sterben? Ich mache mir solche Vorwürfe, dass ich Ralf nicht in ein größeres / moderneres Krankenhaus gebracht habe. Warum sind wir nicht einen Tag früher zum Krankenhaus gefahren? Warum habe ich, als ich merkte, dass die Ärzte hilflos waren, nicht darauf bestanden, Ralf in ein anderes Krankenhaus zu bringen? Warum? Warum? Warum?

Ich habe keine Kraft mehr. Der Schmerz zerreißt mich. Ich würde alles dafür tun, damit Ralf lebt. Warum gerade er? Warum nicht ich? Ich kann und will nicht ohne ihn leben. Mir fehlen seine menschliche Nähe und Geborgenheit. Wir haben uns so geliebt. Ohne ihn hat mein Leben keinen Sinn. Ich vermisse ihn so sehr. Ich finde nur noch Ruhe und Frieden, wenn ich den ganzen Morgen (wenn die Kinder im Kindergarten sind) bei Ralf am Grab bin. Erst jetzt merke ich, wie wichtig Ralf für mich war. Wird der Schmerz jemals erträglich?

Ihn sterben sehen

16. Feb. 2002 @ verwitwet.de

Ich bin aber eigentlich froh, ihn sterben gesehen zu haben, denn sonst hätte ich es wahrscheinlich erstens nicht glauben wollen und zweitens mir immer Gedanken gemacht, wie er gestorben ist, und ob sofort Hilfe da war. Die Sekunden/Minuten des Sterbens werden wir nie aus unserer Erinnerung löschen können.

Kein bewusster Abschied

24. Okt. 2002 @ verwitwet.de

Es ist sicher sehr hart, neben einem geliebten Menschen zu stehen mit dem Wissen, dass ihm nichts mehr helfen kann. Mein Freund ist bei einem Arbeitsunfall ums Leben gekommen, er ging morgens außer Haus, und zwei Stunden später war er tot. Ich konnte mich nicht mehr von ihm verabschieden, ihm so vieles nicht sagen, das tut mir heute manchmal sehr weh. Ich bin froh, dass wir uns am Morgen nicht im Streit getrennt haben, sondern im Frieden wie jeden Tag. Momentan habe ich aber Probleme damit, dass ich mich nicht bewusst verabschieden konnte. Es bestand zwar dann im Krankenhaus die Möglichkeit, aber sein Gesicht war durch den Unfall mit dem LKW so entstellt, dass uns davon abgeraten wurde. Quälende Fragen bleiben meiner Meinung nach immer zurück, die unbeantwortet bleiben.

Manchmal sehe ich auch einen Trost

11. Juli 2004 @ verwitwet.de

Auch ich habe meinen Mann ganz plötzlich durch Herztod verloren. Es liegt nun über ein Jahr zurück, aber fertig bin ich damit noch nicht geworden. Manchmal kommt es mir auch so vor, als sei das zweite Jahr überhaupt schwerer, vielleicht weil diese schonende Schicht, die einen betäubt, nun nicht mehr da ist. Wir haben abends noch zusammen TV geschaut, er ging ins Badezimmer – und ich habe ihn nie mehr lebend gesehen.

Wie oft denke ich an all das, was nun ungesagt geblieben ist. An so vieles, was ich ihn nun fragen wollte. Wir waren so glücklich zusammen, irgendwie denkt man immer, dass das Leben so weiter geht – obwohl man ja wissen müsste, dass dem nicht so ist. Doch in dieser ständigen Angst und Sorge zu leben, ist auch kein Leben.

Manchmal sehe ich auch einen Trost darin, dass er keine Ahnung hatte, was ihm bevor stand. Der Arzt sagte mir, bei diesem massiven Herzinfarkt hat er nichts mehr gespürt. Ich weiß, es wäre der

Tod gewesen, den er für sich gewollt hätte – ich eigentlich auch. Aber dieser Gedanke hilft auch nicht immer.

Einmal nur

5. März 2002 @ verwitwet.de

Ich habe meinen Mann von einer Sekunde zur anderen an einem Herzinfarkt verloren. Bis heute, das sind über zwei Jahre, fehlt mir der Abschied. Einmal nur »Ich liebe Dich« …

2 Trauerwege

Ich erinnere mich an den Moment, in dem mir bewusst wurde, dass ich gerade einige Minuten lang nicht an meine tote Partnerin gedacht hatte. Das war ein paar Monate nach ihrem Tod und liegt fast zwei Jahrzehnte zurück. Von jetzt an – dachte ich, hoffte ich – wird es besser: Wenn es wenige Minuten ohne diesen nagenden Schmerz gibt, dann wird es auch mal Stunden geben, in denen ich ganz zufrieden, vielleicht sogar glücklich bin mit allen Sinnen, Gefühlen und Gedanken. So ist es dann auch gekommen, manchmal langsamer, manchmal schneller, manchmal ganz anders, als ich es mir vorgestellt hatte.

Trauerwege haben ihr eigenes Tempo und werden dabei stark beeinflusst von der messbaren Zeit. Der Wochentag und die Uhrzeit, zu der ein Mensch gestorben ist oder zu der Angehörige von diesem Tod erfahren, sind für viele Trauernde Anlässe für Erinnerungen, häufig für Schrecken. Der erste Sonntag »danach«, das erste Weihnachten, der erste Jahreswechsel, der erste Urlaub allein markieren das Vergehen der Zeit. Jahrestage lösen Erinnerungen und neuen Schmerz aus, Geburtstage und Todestage sind oft noch Jahre und Jahrzehnte nach einem Tod besondere Tage. In ihrem Vorfeld scheint es manchmal, als sei alles schlimmer als zu Beginn des Trauerprozesses. Dazu braucht es keine bewusste Beschäftigung mit diesen Daten, der Körper erinnert sich an Jahreszeiten, Ereignisse und reagiert oft gegen den erklärten Willen der Trauernden, die sich zusammenreißen oder endlich darüber hinweg sein wollen. Dass Körper und Seele ihren eigenen Trauerweg gehen, ihre eigenen Arten finden Trauer auszudrücken, erinnert viele an die Ohnmacht, mit der sie einer Todesnachricht gegenüber gestanden haben. Ohnmächtig sein, nichts tun können, aushalten und ertragen müssen sind zentrale Themen in Trauerprozessen. Daneben steht das Erkennen dessen, was getan und gestaltet werden kann, oft sogar getan und gestaltet werden muss. An den wiederkehrenden Jahrestagen des Sterbens und der Geburt lässt sich das gut ablesen. Diese Tage kommen, berühren den Alltag, bringen Erinnerungen und Gefühle in den Vordergrund, die für den Rest des Jahres im Hintergrund stehen, daran lässt sich nichts ändern. Ändern lässt sich die einmal gemachte Erfahrung, diesen Tagen allein und unvorbereitet gegenüber zu stehen. Jahrestage können gestaltet werden, können von Jahr zu Jahr wechselnd Tage des Gedenkens, des Zorns, der Liebe, des Zusammenkommens, des Getröstetwerdens oder schlicht des Überlebens sein. Wer solche Tage vorbereitet, sich überlegt, welche Bedeutung dieser Tag in diesem Jahr hat und wie das ausgedrückt werden kann, erlebt die Jahrestage von Jahr zu Jahr als Tage der eigenen Gestaltungsfähigkeit und der Möglichkeit, um Hilfe zu bitten und sie auch zu bekommen.

Es gibt Studien, die nahe legen, dass ungefähr ein Drittel aller Trauernden diese Gedenktage als »neuen Platz« für ihre Toten nutzen. Sie finden im Lauf der Jahre innere Ruhe mit dem Wissen um einen Tod und mit ihrer Trauer, die im Alltag keine Rolle spielt, aber an einem bestimmten Ort und zu einer bestimmten Zeit noch einmal ganz wichtig sein darf. Ein weiteres Drittel schließt den Trauerprozess irgendwann tatsächlich für sich ab und verortet den gestorbenen Menschen ganz in der Vergangenheit. Das übrige Drittel dagegen lebt täglich im Bewusstsein der Nähe und der weiter bestehenden Verbundenheit mit den Verstorbenen. Jeder dieser drei Wege, einen Trauerprozess auf lange Sicht zu leben, ist gleich richtig.

Die so oft erhobene Forderung nach dem »Loslassen« legt nahe, es gäbe nur eine einzige Möglichkeit »richtig« zu trauern. Meiner Erfahrung nach sind Trauerprozesse jedoch vielschichtiger. Sie beinhalten die Gleichzeitigkeit der Erfahrungen, die Sterbenden und Toten ihren Weg gehen zu lassen *und* innerlich an einer Verbundenheit festzuhalten.

Ich war ganz nah bei ihm

27. Okt. 2001 @ verwitwet.de

Mein Mann starb zu Hause, wo ich ihn gepflegt habe, und ich war ganz nah bei ihm, lag neben ihm. Allerdings war ich vor Erschöpfung kurz vorher eingeschlafen, und erst dann ist er wirklich gegangen. Warum erst dann? Ich hatte mir doch fest vorgenommen, in diesem Moment mit allen meinen Sinnen und meiner Liebe für ihn da zu sein. Eine Freundin, die auf einer Intensivstation arbeitet, hat mir erzählt, dass das ganz oft vorkommt, dass sterbende Menschen »warten«, bis sie alleine sind, weil sie es so wollen.

Ich glaube, dass die Menschen unterschiedlich gehen wollen. Der eine möchte auf seinem Weg hinüber begleitet werden, der andere möchte diesen Weg alleine betreten oder kann nicht loslassen, wenn der Mensch, den er liebt, bei ihm ist.

Wann hört es auf so weh zu tun?

7. Dez. 2002 @ verwitwet.de

Bei mir ist es noch nicht mal einen Monat her, und ich dachte schon, dass ich verrückt oder gefühlskalt bin. Ich habe ihn über alles geliebt und tue es noch. Aber irgendwie bin ich so tot. Ich kann nicht mal mehr weinen. Ich gehe zur Arbeit. Ich esse und trinke. Eigentlich tue ich so, als wenn er noch im Krankenhaus und es nur eine Frage der Zeit wäre, bis er wiederkommt.

Ich sitze an seinem Grab und empfinde nichts. Das ist doch nicht normal. Verdammt, ich liebe ihn doch! Was ist das nur? Ist das normal, oder bin ich kurz davor verrückt zu werden?

Ich wünsche Euch allen alle Kraft der Welt und schmeiße Euch somit denselben Spruch um die Ohren wie alle anderen. Aber was soll man auch sonst sagen. Egal, wie viele Menschen da sind: Jeder für sich ist am Ende ganz allein.

Dieses plötzliche Gefühl: NIE WIEDER!

14. Juni 2002 @ verwitwet.de

Ich kenne es gut, dieses plötzliche Gefühl des »NIE WIEDER«. Es dauert eine ganze Weile, bis es kommt, weil man anfangs funktioniert. Als ich das »Nie wieder« zum ersten Mal gefühlt habe, so wie du jetzt, dachte ich, innerlich daran zu zerbrechen. Es konnte nicht sein, es durfte nicht sein ...!

Ich habe geschrien, geweint, war schrecklich wütend auf ihn, weil er mich hier mit allem allein gelassen hat. Diese Wut gehört zur Trauerverarbeitung, ist sinnvoll und wichtig (sagt meine Psychologin). – Also lass sie zu! Du darfst wütend sein!

Keiner ruft an

15. Okt. 2003 @ verwitwet.de

Jetzt bin ich seit 53 Tagen Witwer. Die Zeit bis heute ist an mir vorbei gerast ...

Die größte Sorge galt zuerst den Kindern. Mein Ältester hat noch am Todestag gesagt, er wolle mit zur Beerdigung. Die Mädchen habe ich zu Hause gelassen. Lisa war in den ersten Wochen nichts anzumerken, sie ist dann aber im Kindergarten ein wenig aufgefallen. Sie hat bis heute nicht geweint. Inga hat so weitergemacht wie immer. Bloß an einem Samstagabend kam sie zu mir, und wir haben uns ein Bild von Mama angesehen, und ich hab von ihr erzählt. Da haben wir uns in den Armen gelegen und haben eine Stunde lang zusammen geweint. Am anderen Morgen wollten wir Fahrradfahren üben. Als ich ihr die Schuhe zumachte, da sagt doch dieses Persönchen von vier Jahren zu mir: »Heute wollen wir aber nicht heulen.« Springt auf, läuft zum Fahrrad und sagt: »Und los geht's!« Das ist Inga.

Wie geht's *mir* eigentlich? Eine Zeit lang bin ich bei Erinnerungen, in Gesprächen regelmäßig zusammengebrochen. Am Anfang war es nur Trauer und Zorn. Dann kam irgendwann die Sehnsucht. Was Sehnsucht wirklich heißt, weiß ich erst jetzt.

Wo sind meine Freunde geblieben? Keiner ruft an. Wenn man jemanden trifft, wird nur das Nötigste gesprochen. Werde wohl mal selber rausgehen. Muss sehen, dass ich nicht zu kurz komme.

Körperliche Reaktionen

19. Nov. 2003 @ verwitwet.de

Meine Frau ist vor sieben Wochen verstorben. Nach einer Art Schockzustand komme ich langsam etwas zur Ruhe. Aber nun werde ich von körperlichen Reaktionen heimgesucht: Herzstiche, Schwindel, Kopfschmerzen und des öfteren Angstzustände. Ich traue mich manchmal kaum noch aus der Wohnung.

Ich war beim Arzt, außer zu hohem Cholesterin ist alles in Ordnung. Ähnliche Symptome hatte ich vor Jahren schon einmal. Damals habe ich das mit meiner Frau zusammen in den Griff bekommen. Aber was mache ich nun ohne sie?

(Re) Sieben Monate krankgeschrieben

19. Nov. 2003 @ verwitwet.de

Mein Lebensgefährte hat mich vor einem Jahr verlassen (Herzinfarkt, Koma, seitdem geistig schwerstbehindert, kennt mich nicht mehr, ist im Heim …). In der ersten Zeit, als wir alle um sein Leben bangten, habe ich das Essen eingestellt, mich sogar beim Zähneputzen übergeben, massive Schlafstörungen und schlimmste Alpträume gehabt, Herzrasen, über zehn kg abgenommen. Irgendwann brach ich in der Firma zusammen, kam mit Nerven- und mit Kreislaufzusammenbruch ins Krankenhaus, wo ich vier Wochen blieb. Danach war ich weitere sieben Monate krankgeschrieben …

Ich habe das so ausführlich geschrieben, um zu zeigen, dass solche Reaktionen auf so einen Schicksalsschlag normal sein können. Jeder verarbeitet seine Trauer anders, und bei dir und mir geht es zuerst über die Körperfunktionen. Geholfen haben mir eine gute Therapeutin und ein Arzt, der mir über mehrere Monate ein Beruhigungsmittel verschrieb, sodass ich wieder schlafen konnte. Nach vier Monaten habe ich es abgesetzt, weil die Gesprächstherapie alleine half.

Therapien können hart sein, weil man auf sich selbst geworfen wird, aber für mich war es ein guter Ansatz zur ersten Trauerbewältigung.

Stille um mich herum

25. Nov. 2001 @ verwitwet.de

Wenn ich abends weggehe, lasse ich die Lampe brennen. Bei meiner Rückkehr sehe ich ihren Schimmer hinter den Vorhängen, und ich lächle über meine wirkungslosen Listen, denn sobald ich die Tür aufstoße, schlägt mir die Einsamkeit mitten ins Gesicht. Ich öffne und schließe die Schränke, schiebe alles hin und her, drehe an den Wasserhähnen, höre aber nur die Stille deiner Abwesenheit … Der Schlaf wird kommen, während ich deiner Abwesenheit lausche.

Viele sagen, man muss loslassen

25. April 2004 @ verwitwet.de

Eigentlich war ich ganz zufrieden mit mir und dachte, ich hätte meinen Schatz schon losgelassen, wäre zumindest dabei. Bei einem Gespräch im Chat wurde mir schlagartig bewusst, dass ich weit davon entfernt bin.

Ich mache alles mit ihm zusammen. Er ist immer bei mir, und ich fühle mich wohl dabei, finde es schön. Warum soll ich etwas ändern? Was bedeutet es, wenn ich nichts ändere?

Das Seil zwischen uns

21. Jan. 2004 @ verwitwet.de

Loslassen ist ein Begriff, den ich mir als Bild vorstelle, wo von zwei Seiten ein Seil gehalten wird. In unserem Fall halten wir das eine Ende und unsere Verstorbenen halten das andere. Es ist wie ein Sicherungsseil bei Bergsteigern.

Wenn ich loslasse, ohne den sicheren Boden unter mir zu haben, nur weil ich glaube, schon loslassen zu können, dann hält mich die Seele des Verstorbenen weiter fest, damit ich nicht in den Abgrund falle. Manchmal denken wir, wir wären schon so weit, das Seil aus der Hand zu geben. Doch oft ist es ein Trugschluss. Weil wir den Irrtum nicht erkennen, ist Gott sei Dank noch die andere Seite des Seils besetzt, die uns hält, und der Knoten an unserem Ende lässt sich noch nicht lösen. Zudem kann es auch sein, dass die Seele noch nicht soweit ist, loslassen zu können. Die Liebe zu uns lässt sie nicht ruhen, weil sie sich Sorgen um unser weiteres Leben machen. Erst wenn sie die Gewissheit haben, dass wir aufrecht bleiben und auch wieder Wärme spüren, wo vorher die Eiszeit im Herzen war, finden sie Frieden und stellen fest, dass es gut ist.

Mit jedem Lächeln, mit jedem schönen Moment, den wir erleben, werden die Knoten an beiden Enden des Seils etwas lockerer, die Spannung des Seils lässt unmerklich nach. Der Boden unter den Füßen wird für beide Seiten sicherer und fester. Irgendwann, für den einen schneller, für den anderen langsamer, liegt das Seil schlaff auf der Erde und hält niemanden mehr, weil man am Ziel angekommen ist. Die Knoten sind offen, und beide Seiten haben losgelassen.

Entscheidend ist, inwieweit wir zulassen, die schönen Momente auch bewusst zu erleben, damit die Knoten lockerer werden (…).

Du hast ihn nicht gekannt

29. Dez. 2002 @ verwitwet.de

Ich habe viele Freunde, die mir helfen und die für mich da sind, wann immer ich sie brauche. Aber keiner kann uns den Partner ersetzen. Den Schmerz kann uns keiner nehmen, und nur wir allein können dafür Sorge tragen, einen Halt zu finden, wenn sich ein

Abgrund vor uns auftut. Wir irren durch die Gegend, schauen in Gesichter und denken nur: Du hast ihn nicht gekannt. Wir lesen die Beiträge in den Foren von verwitwet.de oder die Gedichte und können doch den Schmerz nicht nachempfinden, weil wir glauben, dass unser Schmerz am größten ist, weil alle anderen ja unseren Schatz nicht gekannt haben. Auch ich denke ja: Keiner kann meinem Liebling das Wasser reichen (...).

Wie ungerecht! Jeder Mensch ist ein Unikat und es wert, geschätzt zu werden. Auch wenn ich es mir jetzt nicht vorstellen kann: Irgendwann wird die Zeit kommen, dann können wir wieder mit klareren Augen sehen. Ein Jahr, drei Jahre, es dauert solange, wie es dauert.

Leer und abgestumpft

17. Nov. 2001 @ verwitwet.de

Heute ist mein Mann drei Monate tot, und was mich am meisten erschreckt sind Momente oder Tage wie heute: Ich denke an ihn, sehe mir Bilder an, höre Musik und – nichts! In mir ist nur Leere, ich bin ganz stumpf. Da ist mir doch jeder Schmerz lieber. Wie kann ich nach nur drei Monaten manchmal schon so abgestumpft sein, wo ich ihn doch so sehr liebe und vermisse?

Und dann die fehlende Erinnerung: Ich habe das Gefühl, ich weiß gar nicht mehr, wie Frank ausgesehen hat, wie er gerochen hat, wie er sich bewegt, wie er gesprochen hat... Da müsste doch noch viel mehr in mir sein; aber ich muss tief graben und Fotos heranziehen um kleine Versatzstücke der Erinnerung zu finden. Das frustriert mich so sehr!

(Re) Vergessen als Selbstschutz

17. Nov. 2001 @ verwitwet.de

Mir ging es genauso, ich habe auch nach kurzer Zeit das Gefühl gehabt, ich weiß gar nichts mehr von meinem Mann: der Geruch, das Lachen, seine Art den Kopf schräg zu legen, seine Art zu reden etc. Ich dachte, ich müsste das alles mit Gewalt wieder holen und schaute mir sogar unseren Hochzeitsfilm an, nur um ihn lachen zu sehen und sprechen zu hören. Ich denke, dass dieses »Vergessen«

ein (Selbst-) Schutzmechanismus des Körpers ist, um nicht komplett durchzudrehen. Erst, wenn man wieder mit solchen Erinnerungen umgehen kann, gibt das Gehirn sie frei. Jedenfalls ist das meine Interpretation.

Wie von einem anderen Stern

10. Febr. 2002 @ verwitwet.de

Habe versucht, alleine klar zu kommen. Und habe festgestellt, dass ich es nicht schaffe.

Heute ist wieder einer dieser Tage, wo ich mich frage, warum ich eigentlich weitermache. Für wen, für was? Ich möchte schreien. Aber was bringt es, es ändert ja nichts. Seit über drei Monaten wache ich morgens auf, nur um festzustellen, dass ich wieder nicht nur geträumt habe. Dass alles wirklich passiert ist. Gestern Abend war ich mit einer Bekannten unterwegs. Und habe mich gefragt: Was tu ich hier? Dann bin ich nach Hause und habe mich wieder gefragt: Was tu ich hier? Jetzt sitze ich vorm PC und frage mich dasselbe wieder. Immer und immer wieder. Ich bin so was von im Keller.

Ich fühle mich einsam. Aber ich kann auch niemanden in meiner Nähe ertragen. Ich stehe mir selbst im Weg, bitte Udo immer wieder, mich doch zu sich zu holen. Bescheuert, was ?!

Ich glaube, ich fange langsam an zu spinnen. Ich bin so IRRE, IRRE traurig. Und sooo einsam. Die Kneipe gestern war völlig überfüllt. Aber ich habe mich so was von einsam gefühlt. Wie von einem anderen Stern. Irgendwie hat man das Gefühl, nicht mehr dazuzugehören. Und irgendwie tut man es ja auch nicht.

Keiner will die Wahrheit hören

11. Nov. 2001 @ verwitwet.de

Man bekommt zunehmend das Gefühl, den anderen total auf den Wecker zu gehen, weil es einem *immer noch* nicht besser geht. Ja, wie denn auch? 17 Jahre Familienglück, zwei Kinder, und dann – peng! eine Sekunde – und er ist nicht mehr da! Vorher noch auf einer Hochzeit getanzt, mit den Kindern getobt, und dann auf der Heimfahrt der schreckliche Unfall.

Und da soll es mir nach viereinhalb Monaten schon besser gehen?

– Habe mittlerweile auch Probleme mit dem Freundeskreis, da ich mich total verändert habe. Ich kann einfach nicht mehr übers Wetter schimpfen oder mich über eine verpatzte Schulnote aufregen. Ich könnte schreien: Habt ihr wirklich keine anderen Probleme!!!

Die ersten Freunde ziehen sich zurück, wollen durch uns nicht mehr daran erinnert werden, dass die heile Welt, in der sie leben, vielleicht auch mal enden könnte. Und immer dieses zweifelnde Fragen: »Es geht dir doch bestimmt schon besser?« Keiner will hören, dass es mir noch immer schlecht geht. – Manchmal hab ich den Eindruck, es wird mit jedem Tag schlimmer statt besser. Jeder fragt: »Wie geht es dir?«, aber keiner will die Wahrheit hören. Also sage ich manchmal »ganz gut«, nur damit sie nicht gleich wieder weglaufen! Aber das finde ich manchmal auch so erbärmlich.

Kennt ihr das auch?

13. Sept. 2004 @ verwitwet.de

Mein Mann ist jetzt seit elf Monaten tot, und ich vermisse ihn sehr. Es gibt, so glaube ich, noch keinen Tag, an dem ich nicht geweint habe, mal nur ein paar kurze Tränen, mal ganze Wasserfälle.

Und dann sitze ich heute Morgen im Auto, fahre ins Büro und merke plötzlich, dass ich die Unabhängigkeit total genieße, ich kann meine Zeit völlig frei einteilen, tun und lassen, was ich will, und ich fühle mich glücklich.

Wie geht das denn? Auf der einen Seite habe ich große Sehnsucht nach ihm, seiner Nähe, seiner Stimme und all dem, was unsere Beziehung ausmachte, auf der anderen Seite spüre ich immer wieder auch, dass es mir gut geht, dass ich das Leben schön finde und mich trotz all der Trauer über fast jeden neuen Tag freue. Dieser Unterschied meiner Gefühle macht mich sehr nachdenklich – oder gehört das einfach auch dazu?

Und plötzlich ist alles anders

12. Dez. 2001 @ verwitwet.de

Weihnachtsfeier in der ersten Klasse. Meine Tochter hat mit ihren Klassenkameraden ein kleines Stück einstudiert, spielt auch Flöte auf dieser Feier. Ich ahne schon, was mich erwartet …

Als ich ankomme, spüre ich die Betroffenheit der anderen. Oh Gott, was sage ich bloß? Letztes Jahr, freundliche Begrüßung – na, wie geht's euch? Dieses Jahr – das Höchste der Gefühle ist ein angestrengtes Lächeln, ein leises »Hallo!« Und plötzlich ist alles anders.

Ich setze mich mit meiner großen Tochter an einen freien Tisch, fast alle sind noch leer. Die Tische füllen sich, alle setzen sich, nur zu uns setzt sich keiner (…). Erst als alle anderen Tische voll sind, setzen sich Eltern zu uns, die ich nicht kenne, die mich nicht kennen, die nicht wissen, was passiert ist. Keiner von den mir bekannten Eltern hatte den Mut, sich zu mir zu setzen.

Janina spielt Flöte. Am Nachbartisch tuschelt eine Frau: »Das ist das Mädchen, deren Papa …« Ich kämpfe mit den Tränen. Nach der Aufführung sagt die Lehrerin: »So, nun geht ihr alle zu euren Mamis und Papis!« Ich spüre den Stich mitten ins Herz. Ob die Kinder ihn auch spüren? Sie tun mir so Leid.

Ich nutze die erste Gelegenheit zum Aufbruch. Kaum jemand hat mit uns geredet. Früher waren wir immer bei den Letzten, die gegangen sind. Plötzlich ist alles ganz anders.

(Re) Die Scheu der anderen

12. Dez. 2001 @ verwitwet.de

Ich habe oft solche Situationen erlebt, aber auch gemerkt, dass es die Scheu der anderen ist, wie sie mit dir umgehen. Sie haben Angst etwas Falsches zu sagen. Als ich das gemerkt habe, habe ich den Spieß umgedreht. Wenn ich auf einer Feier war, habe ich die Leute begrüßt, mich zu den Bekannten gesetzt, und gesagt, wie schade, dass das mein Mann nicht mehr erleben kann.

Und siehe da, auf einmal war ich kein Exot mehr. Die (normalen) Leute sehen dich und ihnen wird klar, indem sie dich sehen, dass ihnen genau dasselbe jederzeit auch passieren kann. Und davor haben alle Angst. Du wirst sehen, wenn du die Initiative ergreifst, dann werden deine Bekannten auf einmal offener und dir gegenüber weniger scheu begegnen.

Traurigkeit in Dankbarkeit verwandelt

25. Okt. 2001 @ verwitwet.de

Nach sieben Monaten schleicht sich in die Wehmut der Erinnerungen auch öfter mal ein Lächeln ein. Die Traurigkeit hat sich ein wenig in Dankbarkeit gewandelt. Das Leben mit meiner Frau war sehr schön, ist aber leider unwiederbringlich dahin. Ich denke nur, es wäre im Sinn meiner Frau, wenn ich nicht *zu* lange um sie trauere. Ich liebe sie noch immer, manchmal ist der Schmerz fast nicht zum Aushalten, aber auch für meine Tochter möchte ich wieder mehr als nur noch funktionieren (...).

Nein, die Zeit heilt keine Wunden

18. Febr. 2002 @ verwitwet.de

Bin ich an einem Ort, an dem wir gemeinsam waren, übermannt mich der Schmerz der Erinnerung. Bin ich an einem Ort, an dem wir nie zusammen waren, ist es der Schmerz darüber, dass er diesen Ort nie sehen wird. Die Wunden heilen nicht, auch nicht mit der Zeit. Aber das Leben verändert sich (...). Die Zeit bringt uns in ein anderes Leben, ganz langsam, manchmal unmerklich. Ich stelle fest, dass ich mich mit dem neuen Leben arrangiere. In erster Linie meinen Kindern zuliebe. Das ist es, was die Zeit tun kann: uns langsam in das neue, andere Leben führen. Wunden heilen kann sie nicht.

Gestern las ich in einem Buch etwas, was mir Mut gemacht hat, gegen diesen Zustand anzukämpfen (gegen den Zweifel, ob es je besser werden wird, gegen die Angst vor der Veränderung): »Mut ist, vor etwas Angst zu haben und es trotzdem zu tun.«

War er wirklich perfekt?

28. Mai 2003 @ verwitwet.de

Wir haben sechs wunderschöne Jahre miteinander gehabt. Es gab bestimmt auch schlechte Zeiten, aber an die kann ich mich irgendwie nicht erinnern. Wenn ich an Mike denke, sehe ich nur, wie glücklich wir miteinander waren, was für ein toller Mann und super Papa er war. Natürlich weiß ich, dass wir auch mal gestritten haben, dass er auch seine Fehler gehabt hat. Aber all das ist so in den Hintergrund getreten, ich denke immer nur an die schönen Zeiten.

Ist das normal? Manchmal weiß ich nicht, ob er wirklich so war, wie ich ihn heute sehe, oder ob ich mir in meiner Verzweiflung einen Mann gebastelt habe, so wie ich ihn gern gehabt hätte und wie ich ihn zurück haben möchte.

Ein knappes Jahr

25. Nov. 2003 @ verwitwet.de

Es ist nun schon fast ein Jahr her. Ich habe das erste Jahr fast überlebt. Unglaublich. Dieses erste Jahr, es war nicht schön. Viele Tiefen. Tiefe Tiefen. Und wenige flache Höhen. Aber ich habe auch gelernt. Dinge, die mich früher nie interessiert haben, um die ich mich nie habe kümmern müssen. Und ich habe Aufgaben geschafft, an die ich mich freiwillig nie gewagt hätte, vor allem nicht ohne ihren allgegenwärtigen Rückhalt. Es macht einen großen Unterschied, alles ganz allein und zum ersten Mal machen zu müssen. Ich habe viel geschafft, aber auch viel beiseite geschoben. Die Wichtigkeiten sind neu sortiert.

Dieses Jahr war vor allen Dingen eines: einsam, und schmerzhaft. Ich weiß jetzt, was Einsamkeit ist. Es ist etwas anderes, als alleine zu sein. Einsam kann man überall sein. Zuhause. Auf der Arbeit. Beim Einkaufen. Tausende Menschen um Dich herum, und trotzdem bist Du einsam.

Viele der alten Freunde sind auf der Strecke geblieben. Vielleicht waren es ja keine Freunde. Sie sind nach der Trauerfeier in alle Richtungen davongegangen, die meisten haben sich nicht einmal mehr umgedreht. Die Versprechungen, wir melden uns – Worthülsen. Die ich jetzt noch habe, kann ich an einer Hand abzählen. Ich will aber bei der Wahrheit bleiben: Es lag auch an mir. Ich bin sicher nicht einfacher geworden, gerechter schon gar nicht. Es muss anstrengend geworden sein, mit mir umzugehen. Auch hier fehlt mir Ihre Rückmeldung, der Stups, wenn ich in die falsche Richtung abdrifte. Aber es sind auch neue Freunde hinzugekommen. Sie haben mir gezeigt, dass sie sich interessieren. Für mich, für meine Lage. Das hat mich sehr erstaunt. Mein Kollege erträgt mich mit stoischer Ruhe seit Monaten, täglich viele Stunden. Und er redet mit mir. Auch wenn er nicht wirklich nachvollziehen kann, was in mir vorgeht. Und es sind völlig neue Leute, Bekannte und wirkliche Freunde, hinzugekommen. Einige davon hab ich kennen gelernt auf Treffen, die sich hier auf diesen Seiten angebahnt haben. Tolle Leute sind darunter. Verzagte, traurige, mutige, großherzige Menschen. Sie wissen, um was es (mir) geht. Sie haben das gleiche Schicksal. Bei aller Trauer ist das eine Erfahrung, die unbezahlbar ist.

Was bleibt von diesem ersten Jahr? Es bleibt die Erkenntnis, dass ich das Wichtigste und Wertvollste in meinem Leben verloren habe. Ich habe den Verlust bisher nicht akzeptiert, habe ihn zur Kenntnis genommen. Mir blieb nichts anderes übrig.

Und noch etwas bleibt mir, das Wichtigste überhaupt. Ich bin vor vielen Jahren einem unwiderstehlichen jungen Mädchen begegnet, wir haben ein gemeinsames Leben gelebt, und wir waren glücklich dabei. Wir haben gemeinsam wunderschöne Dinge erlebt, große und kleine Schwierigkeiten gemeistert. Auch wenn diese Zeit nun unwiederbringlich vorbei ist, so habe ich sehr, sehr viel, was mir bleibt. Ich war mit einem fantastischen Menschen verheiratet, der mutig und klug, stolz, tapfer, gerecht, aber auch sanft, lieb, einfühlsam und grenzenlos hilfsbereit war. Ich habe durch meine Frau mehr Leben gelernt, als ich in Worte fassen kann. Dieses wunderbare Wesen erlebt haben zu dürfen ist genug für ein ganzes Leben.

Mein lieber Knuddel

25. Dez. 2001 @ verwitwet.de

Noch immer schlafe ich in deinem Lieblingshemd. Noch immer sprühe ich fast jede Nacht mein Kopfkissen mit deinem Rasierwasser ein, dann bist du mir so nah, dass ich dich spüren kann. Ich weiß, irgendwann muss ich dich gehen lassen. Irgendwann willst du zur Ruhe kommen. Aber noch kann und will ich dich nicht gehen lassen. Ich brauch dich noch so sehr!

Immer wieder höre ich Deine letzten Worte: *Wenn Du traurig bist, schau zum Himmel, ich werde der hellste Stern sein, der nur für Dich leuchtet und Du wirst wissen, dass ich da bin.* – Du hattest Recht, ein Stern ist immer heller als all die anderen (…)

Hast du gesehen, wie ich mit den Kids Weihnachten feierte? Wir haben uns viel Mühe gegeben, aber so recht wollte keine Stimmung aufkommen. Oh Frank, du fehlst uns so!

Halt noch ein wenig meine Hand. – Bald mach ich mich auf den Weg, zurück ins Leben. Ich nehme die Kinder an die Hand und wir laufen in die Sonne und wir lachen wieder, für Dich und auch für uns. Ein bisschen Zeit brauche ich noch.

Ich liebe Dich.

Ich finde meinen Platz nicht mehr

26. Aug. 2003 @ verwitwet.de

Es ist mittlerweile über ein Jahr her, dass mein Mann nicht mehr bei uns ist. Und obwohl einem jeder einzelne Tag so wahnsinnig lang vorkommt, ist das Jahr schnell vergangen. Und es wird auch, ohne dass man es richtig realisiert, ein bisschen besser. Vielleicht ist »besser« nicht das richtige Wort, aber man lernt langsam mit der Situation, den Schmerzen, dem Alleinsein, mit der Alleinverantwortung für das Kind usw. umzugehen.

Ich kann sagen, ich habe das erste Jahr gut gemeistert. Habe mein und unser Leben in die Hand genommen. Bin einen Monat nach Mikes Tod umgezogen, habe für den Kleinen eine Tagesmutter und für mich einen Aushilfsjob gesucht, mache wieder Sport, gehe regelmäßig zum Therapeuten. Wir unternehmen viel, treffen andere Leute, machen bald eine Mutter-Kind-Kur. Aber das sind Äußerlichkeiten. Es ist nichts mehr so, wie es früher war. Ich bin unzufrieden, unruhig, finde meinen Platz nicht mehr. Es braucht nur Kleinigkeiten, worüber sich andere kaum aufregen würden, die ziehen mich runter, werfen mich aus der Bahn. Ist das normal? – Ich bin reifer, aber auch sensibler geworden.

Heute habe ich einen Brief von meinem Mann gefunden. Da stand drin: Für die Welt bist du irgendjemand, aber für jemanden bist du die Welt. – Er fehlt mir so sehr.

Trauer zulassen

23. März 2004 @ verwitwet.de

Viele versuchen die erste Trauer zu unterdrücken, um nach außen als funktionierende Person zu erscheinen. – Habe ich auch gemacht. Mit dem Erfolg, dass nach sieben Wochen der Zusammenbruch kam. Meine Erfahrung nach fast 16 Monaten Trauer sagt mir, es ist ganz wichtig, den tiefen Schmerz zuzulassen, den wir alle in uns tragen. Es hilft niemandem, und schon gar nicht einem selbst, alles einzuschließen ins stille Kämmerlein und nur zu funktionieren. Für die Außenwelt ist es ja so einfach: Die Trauernde ist gefasst und einfach zu handhaben. Wir fordern ja nichts, im Gegenteil, in unserer schrecklichen Situation versuchen wir noch, es den *anderen* Recht zu machen!

Ich denke, jeder sollte seine Trauer zulassen, und wenn die Tränen fließen, ist es okay, auch wenn das Gegenüber vielleicht etwas unangenehm berührt ist. Es tut mir weh, wenn ich lese, wie sehr ihr – die frisch Trauernden – leidet. Aber ich weiß auch, dass ihr (wie ich) durch diese Phase durch müsst. Je mehr ihr versucht, so zu funktionieren wie eure Umwelt euch haben will, desto länger dauert dieser schreckliche Schmerz.

Puzzleteile meines Lebens

25. März 2004 @ verwitwet.de

Als ich im Krankenhaus lag, erinnerte ich mich an mein Kinderspiel: bedruckte Bauklötze, die – richtig zusammengelegt – Märchenbilder ergaben. Sechs verschiedene Märchenmotive. Ich habe dieses dreidimensionale, für mich als Kind unverständliche Puzzle sehr geliebt.

Im Krankenhaus sah ich mich wieder dieses Spiel spielen. Nur diesmal zeigten die Bauklötze meine Lebenssituation, die durcheinander gewirbelt war und neu zusammengesetzt werden musste. Der Farbfilter vor meinen Augen fehlte mir noch, alles war schwarz-grau. Aber ich habe mir die Puzzleteile meines Lebens angeschaut, und mit einem Mal trauten sich auch ganz zaghaft wieder die Farben hervor, und ich fand Steinchen, die zueinander passten und wieder eine Plattform ergaben. Es war ein aktives Arbeiten, und manche Klötzchen, die vorher zusammenpassten, mussten auseinandergelegt werden, weil es nicht mehr ging.

Mittlerweile ist das Puzzle wieder für die jetzige Situation ganz gut und farbenfroh zusammengesetzt. Gleiche Farben, gleiche Steine, aber ein ganz anderes Bild.

Immer noch ist die Trauer vorhanden, taucht ab und zu alles in Schwarz (ganz selten) und in lichtes grau, aber dann ist es wie ein Morgennebel, der verzieht sich doch auch.

Eines weiß ich, es wird mit jeder Sekunde, jeder zähen Minute, die schmerzhaft hinwegtropft, besser. Ich habe es damals nicht glauben wollen, aber es ist so. Du musst viel Geduld mit dir haben.

Es ist das Schwerste, was ich im Leben bis jetzt durchgemacht habe, ich hätte gerne darauf verzichtet, aber es hat mich reifer, glücklicher (weil ich jetzt mehr die kleinen Dinge des Lebens genießen kann), härter, aber auch verständnisvoller und entspannter gemacht. Das Schlimmste, was ich mir für mich vorstellen konnte, ist eingetreten, und ich habe es überlebt.

Warum?

3. Febr. 2004 @ verwitwet.de

Die wichtigste Frage war für mich das Warum. Sie beschäftigte mich pausenlos. Irgendwann erkannte ich, dass eine Antwort nicht möglich ist. Der Tod liegt außerhalb unserer Vorstellungskraft. Als ich das begriffen hatte, fragte ich nach anderen Warums. Warum durfte ich meine Frau kennen und lieben lernen? Warum liebte sie mich? Warum haben wir so wunderschöne Zeiten erleben dürfen? Diese Fragen beschäftigten mich dann auch, doch sie ließen mich ruhiger einschlafen. Erinnerungen an ein Glück sind tausendmal schöner als Erinnerungen an den Tod. Genauso wichtig ist aber auch, dass es Vergangenheit ist und bleibt. Und weil wir uns liebten, konnte ich nun mit Gewissheit sagen: Sie hätte nicht gewollt, dass mein Leben nur noch aus der Vergangenheit bestehen sollte.

Somit fing ich an zu leben, zuerst für meinen behinderten Jungen, der noch weniger verdient hatte, seine Zukunft von mir düster gestaltet zu bekommen. So lernte ich das Lachen zuerst für ihn wieder – und unbewusst auch für mich. Ich fühlte, dass es eine Zukunft gab, weil der Junge durch mich wieder lachen konnte, und ich durch ihn.

Trauer ist Schwerstarbeit

21. Febr. 2004 @ verwitwet.de

Der eine wartet, dass die Zeit sich wandelt, der andere packt sie kräftig an und handelt. – Dieser Spruch gefällt mir sehr; bin auf den Tag genau seit 17 Monaten verwitwet. Als ich heute Morgen darüber nachdachte, war es mir, als sei es erst vorhin passiert… Ich werde niemals meine große Liebe vergessen und weiß, dass er immer bei mir ist!

Die ersten 12 Monate waren schlimm… Danach ging es Schritt für Schritt aufwärts mit mir. (Manchmal ist was dran an dem Spruch vom Trauerjahr.) Ich habe langsam angefangen – und gehandelt. Natürlich hat das Leben ein bisschen mitgeholfen! Eines habe ich dabei gelernt: Jeder geht mit seiner Trauer anders um. Vielen kann man beistehen, aber manche wollen eigentlich gar nicht geholfen bekommen, sie rennen vor sich selbst davon. Trauer ist Schwerstarbeit. Man muss sie durchleben, sonst kommt man keinen Schritt voran.

Die Zeit ist unser Heiler. Niemals werden die Wunden verschwinden, aber sie werden sanft zugedeckt. Mit der Zeit habe ich gelernt, einiges zu verdrängen, und es bekommt mir gut.

Negative Erinnerungen

17. Juni 2002 @ verwitwet.de

Seit einiger Zeit werde ich von negativen Erinnerungen an meinen Mann überrollt. Es fällt mir sehr schwer, mich an die schönen Zeiten zu erinnern, und es kommen viele Dinge hoch, die wir nicht mehr klären konnten oder die falsch liefen in unserer Beziehung. Meine Familie und meine Freunde sind nicht so begeistert darüber zu hören (verständlicherweise), aber sie haben auch zu unserem Leben gehört. – Ich fühle mich dann oft so mies!

Muss ich wieder von vorn anfangen?

25. Jan. 2004 @ verwitwet.de

Geht es euch auch manchmal so? Man lernt es – nach anderthalb Jahren – LANGSAM mit der Situation, verwitwet zu sein, umzugehen. Man versucht es zu akzeptieren, weil man eh nichts ändern kann. Es klappt schon ganz gut. Man kann auch schon mit ein bisschen Dankbarkeit an die Zeit mit dem Verstorbenen zurückdenken, ohne dass es so wahnsinnig weh tut. Und auf einmal sitzt man doch wieder in einem tiefen Loch! – Ich hatte wirklich das Gefühl, von dem großen Trauerberg schon eine ganze Menge weggeschaufelt zu haben. Man kann schon dran vorbei schauen, und er lässt schon ein bisschen Sonne durch. Aber zwischendrin ziehen wieder dunkle Wolken auf, sie lassen den Berg wieder riesig erscheinen und einen ganz verzweifeln: Muss ich jetzt wieder von vorne anfangen? Wie oft denn noch?!

Seit ein paar Tagen quäle ich mich wieder mit Fragen nach dem Warum. Sinnlos, ich weiß. Aber wenn ich sehe, wie mein kleiner Sohn dem Papa immer ähnlicher wird, wie toll er sich entwickelt und dabei weiß, dass der Papa wahnsinnig stolz auf ihn wäre, aber er es nicht miterleben darf, dann tut es mir körperlich weh. Diese Tiefs sind schon seltener, auch kürzer, aber wenn sie kommen, erwischen sie mich doch mit ihrer vollen Wucht.

Zwischenbericht

30. April 2004 @ verwitwet.de

Achtzehn Monate werden es bald sein, seit mein Mann starb. Eine lange Zeit, ohne eine Nachricht, ein Lächeln, eine Umarmung von ihm. Dennoch keine Zeit ohne ihn, eine andere Form der Verbundenheit ist gewachsen.

Noch lange nicht bin ich über dem Berg, das will ich wohl auch weiterhin nicht sein. Doch zumindest bin ich auf einiger Höhe auf einem stabilen Plateau angekommen. Mit unverstelltem Blick und einigem Abstand zu dem, was hinter mir liegt an sehr wunderbarem und sehr schmerzlichem Erleben. In Fühlentfernung, aber nicht mehr mittendrin. Daneben die Aussicht auf andere Weiten, Kontakt mit anderen Tälern und Gipfeln. Ein Gefühl von Sicherheit, von freier Geborgenheit, versorgt mit allem, was ich brauche. Häufig ist es schön da, mein Plateau sonnenbeschienen, mir ist warm, und ich habe es gut. Manchmal zieht Sturm auf, es regnet, und wo gerade noch grüne Wiese war, findet sich nun Matsch. Auch in solch stürmischen Zeiten stürze ich nicht ab, ich falle nicht, rutsche nicht zurück ins Tal, an diesen Tagen ist nur schlechtes Wetter, nicht schön, aber erträglich. Damit bin ich zufrieden, ich möchte es gerne stabil und verlässlich haben, will nicht unterwegs sein, sondern durchschnaufen, brauche keine besonderen Höhen (und schon gar keine Tiefen), will Ruhe, in mir und um mich herum.

Es geht mir gut, nicht durchgängig, aber öfter, als ich mir vorstellen konnte. Bis hierhin habe ich meine Sache gut gemacht. Viel Hilfe habe ich erfahren und manche Enttäuschung erlebt.

Mein wichtigster Begleiter bis heute bleibt Micha. Er hat mir, in mir alles zurückgelassen, was ich für meinen Weg brauche. Sehnsucht und Schmerz fühle ich weiter, und bin gleichzeitig versöhnt durch meine innere Gewissheit, getragen von Zuversicht, gerührt vor Dankbarkeit und gelassen durch unseren Humor, der mir geblieben ist.

Wut auf alles und jeden

7. Mai 2004 @ verwitwet.de

Ich hatte schon öfter das Gefühl der Wut in mir. Wut auf mich, Wut auf meinen verstorbenen Mann, Wut auf alles und jeden. Dabei hatte ich anfangs ein schlechtes Gewissen. Jetzt nicht mehr, denn ich habe festgestellt, auch die Wut gehört zur Trauer.

Wut zulassen kann sehr befreiend sein. Sich die Wut von der Seele zu schreiben. Den Brief dann verbrennen oder in den Wald gehen und schreien oder auf ein Kissen einschlagen. Es findet sich für jeden die richtige Art Wut loszuwerden.

(Re) Wut als Energiepotential

8. Mai 2004 @ verwitwet.de

Auch ich habe die Wut als wichtiges Gefühl in meiner Trauer erlebt. In unserer Gesellschaft ist es nicht üblich, solche Gefühle zuzulassen, das gehört sich nicht. Dabei hat wohl jeder schon gespürt:

Wenn er sich mal richtig von allem Frust befreit hat, dann fühlt er sich besser. In meiner Wut steckt ein ungeheures Energiepotential, es kostet mich unendlich viel Kraft, meine Wut zu unterdrücken. Erlaube ich mir aber sie auszuleben, habe ich in mir wieder Freiraum für Neues und kann einen Schritt vorwärts gehen – dem Leben entgegen!

So – und was nun?

12. Mai 2003 @ verwitwet.de

Jetzt bin ich seit 21 Monaten Witwe. In all der schrecklichen Trauer und Verzweiflung der Anfangszeit habe ich immer gedacht: Ich komme da raus, und das Leben fängt irgendwann wieder an.

Nun bin ich draußen. Die Depression halte ich mit Sport und Therapie in Schach. Der Laden läuft. Kann wieder lachen, aber richtige Freude empfinde ich äußerst selten. Ich bin zwar draußen, aber wo bin ich? Ich wollte nicht aus meinem alten Leben raus. Jetzt habe ich ein neues. Es läuft so vor sich hin, ohne wirklich schön zu sein. Ist das jetzt nur eine neue Phase der Trauer? Burnout? Wer kennt solche Gefühle und hat erlebt, was danach kommt?

Trauer und Lebensfreude

26. Sept. 2002 @ verwitwet.de

Ich bin seit drei Jahren Witwe, und diesen Sommer ging es mir fast schon unwahrscheinlich gut: Ich lebte einfach, war im Süden, lernte neue Menschen kennen, hab mich verliebt, war ganz optimistisch.

Seit einigen Tagen holt mich der Herbst ein, es ist kalt, und ich ziehe mich in meine Erinnerungen zurück, der Todestag von Martin nähert sich. Vielleicht wird das jedes Jahr wieder so sein?

Ich weiß aber auch, dass ich wieder rausfinden kann aus den Tränen und Erinnerungen. Ich lasse mir Zeit für diese Gefühle, gebe ihnen Raum und Rituale. Ich spüre, dass ich in meiner Trauer ebenso lebendig bin wie in meiner Lebensfreude.

Wenn ich das jetzt so hinschreibe, merke ich, dass ich tatsächlich schon wieder dabei bin, aus dem Trauerloch rauszuklettern …

Was heißt Loslassen?

5. Mai 2004 @ verwitwet.de

Ich möchte auf einen Widerspruch hinweisen, der in unseren Gesprächen manchmal deutlich wird: Auf der einen Seite wird die Notwendigkeit des Loslassens betont, auf der anderen Seite berichten Trauernde davon, dass sie nach dem Tod des Partners dennoch eine Verbindung zu ihm – wenn auch eine andere, weil der Tod sie unwiderruflich getrennt hat – aufrecht erhalten möchten und auch tatsächlich spüren. Wie kann man als Trauernde/r mit diesem Widerspruch leben: mit der Forderung nach dem Loslassen im Hinterkopf und dem Wunsch im Herzen nach einer weiter fortbestehenden Verbindung zum verstorbenen Partner?

(Re) Mit der Trauer leben

5. Mai 2004 @ verwitwet.de

Für mich heißt Loslassen nicht, den Verstorbenen zu vergessen und aus meinem Herzen zu reißen. Für mich hat es eher die Bedeutung, dass ich lerne, mein Leben ohne diesen Menschen zu leben, in der Gewissheit, dass er, in welcher Form auch immer, stets bei mir ist.

Loslassen bedeutet für mich auch nicht, dass meine Trauer eines Tages aufhört, sondern dass ich lerne mit ihr zu leben und sie als Teil von mir akzeptiere. Loslassen bedeutet für mich vor allem: Ich hadere nicht mehr mit dem Schicksal und lasse den geliebten Menschen gehen, damit er dort, wo er jetzt ist, seinen Frieden findet.

Trauern ist wie ein großer Felsbrocken.
Wegrollen kann man ihn nicht.
Zuerst versucht man nicht darunter zu ersticken,
dann hackt man ihn Stück für Stück kleiner,
und den letzten Brocken steckt man in die Hosentasche
und trägt ihn ein Leben lang mit sich herum.

3 Sorge um unsere Kinder

Kindern wird häufig die Fähigkeit abgesprochen zu trauern oder überhaupt zu begreifen, was Tod ist. Deshalb werden sie in der gut gemeinten Absicht, sie zu schonen, von allem ferngehalten, was mit Tod und Trauer zu tun hat. Leider ist dieses gut gemeinte Vorhaben das Gegenteil von gut und hilfreich. Wenn ein Elternteil – oder ein Geschwisterkind oder ein guter Freund – stirbt, kann das Kind nicht vor dieser Erfahrung bewahrt werden. Und Erwachsene können sich selbst nicht vor der Erfahrung bewahren, den Schmerz, die Verstörung, aber auch die scheinbare Unbekümmertheit und Unberührtheit ihrer Kinder mitzuerleben, nachdem der Vater oder die Mutter gestorben ist.

In einer »Charta für trauernde Kinder« heißt es unter anderem: »Kinder haben das Recht, Antworten auf ihre Fragen zu bekommen und Informationen, die ihnen erklären, was geschehen ist, warum es geschah und was als nächstes geschehen wird.

Trauernde Kinder sollten gefragt werden, ob sie an Entscheidungen, die Auswirkungen auf ihr Leben haben, beteiligt sein möchten (z. B. Vorbereitung der Beerdigung, Erinnerung an bestimmte Jahrestage).

Trauernde Kinder haben das Recht, ihre Geschichte auf ganz unterschiedliche Weise zu erzählen – z. B. durch Zeichnungen, Puppen, Briefe und Worte – und mit dieser Geschichte auch gehört oder gesehen zu werden.

Trauernde Kinder brauchen Hilfe, um begreifen zu können, dass sie für einen Tod nicht verantwortlich sind und daran auch keine Schuld tragen.

Trauernde Kinder haben das Recht, sich für den Rest ihres Lebens an einen verstorbenen Menschen zu erinnern, wenn sie das wollen.« (C. Paul, Hrsg., Neue Wege in der Trauer- und Sterbebegleitung, S. 47 ff.)

Kinder trauern häufig stärker über den Körper als Erwachsene, und sie trauern eingebettet in ihre sonstigen Tätigkeiten. Sie weinen heftig, dann gehen sie spielen; sie schimpfen wütend, dann machen sie ihre Hausaufgaben. Das Aufrechterhalten eines stabilen Alltags mit allen Hobbys und Aktivitäten, die vor dem Tod ihr Leben ausgemacht und bereichert haben, ist für Kinder wichtig. Sie brauchen das Fortbestehen von Gewohntem und regelmäßige Abläufe, da, wo sie noch möglich sind. Das hilft ihnen, die Welt als einen Ort zu erleben, in den sie Vertrauen haben können, auch wenn unfassbare Dinge geschehen wie das Sterben eines Elternteils.

Für Jugendliche und junge Erwachsene ist es besonders schwer, den Tod des Vaters oder der Mutter zu verkraften. In dieser Lebensphase gibt es ohnehin wenig Stabilität, der Körper wächst und entwickelt sich, Schul- und Ausbildungssituationen verändern sich, die Liebe wird entdeckt, die Ablösung vom Elternhaus und das Aufbauen eines selbstständigen Lebens bringen innere und äußere Kämpfe mit sich. Altersgemäß orientieren sich junge Erwachsene weg von ihrem Elternhaus, tauschen sich mehr mit Freunden aus als mit dem noch lebenden Elternteil und den Geschwistern. Mitten im Aufbau eines eigenen Lebens müssen diese heranwachsenden Menschen die Begegnung mit dem Tod, mit Unberechenbarkeit und den Verlust von Sicherheiten verkraften. Oft schützen sie sich einige Jahre vor der intensiven Auseinandersetzung mit dem Tod des Vaters oder der Mutter. Es ist sinnlos, sie zu bedrängen – wie alle Trauernden finden sie ihr eigenes Tempo und ihre eigenen Ausdrucksformen. Hilfreich sind Geduld und das Bereitsein für den Moment, in dem ein junger Mensch sich öffnen und reden, weinen, wüten, fragen kann. Erinnerungsstücke und Lebensgeschichten der Verstorbenen sind für die meisten Menschen, die als Kind oder Jugendliche ein Elternteil verlieren, an irgendeinem Zeitpunkt sehr wichtig. Sie sollten bereitgehalten werden.

Für Kinder bleiben auch gestorbene Eltern ihre Eltern. Das Bedürfnis, sich mit ihnen auseinander zu setzen, aber auch die eigenen Wurzeln in ihnen zu erkennen, besteht unabhängig von Leben oder Tod. Viele halbverwaiste Kinder entwickeln extreme Ähnlichkeiten mit den Verstorbenen, übernehmen deren Eigenheiten, Hobbys, Berufe. Bei Kindern, deren Elternteil auf dramatische Weise gestorben ist, ist es wichtig, ihnen die ganze Lebensgeschichte, den ganzen Menschen nahe zu bringen, damit nicht der dramatische Tod, z.B. der Suizid, das Einzige ist, was sie von diesem toten Elternteil wissen und übernehmen können.

Und – Kinder können die besten Lehrer sein, wenn es um Trauer geht. Wenn sie sich sicher und gehalten wissen und wenn sie auf diesem Hintergrund ihre Gefühle und ihr Wissen ausdrücken dürfen, können Erwachsene oft nur staunen.

Geburtstag

22. Okt. 2001 @ verwitwet.de

Liebe Mama,
ich möchte zu Papa Deine Lena
Susanne + Klaus + Liza + Lena das war
Eine Vamile. Papa ich hab balt
Geburstag

Diese Zeilen fand ich gestern Abend auf dem Bett von Lena. Ich stand vor ihrem Bettchen und die Tränen liefen mir nur so über das Gesicht. Ja, es wird ihr zweiter Geburtstag sein, morgen, den sie ohne ihren Papa feiern wird.

Das macht mir bewusst, auch wenn sie nicht von ihm spricht, wie sehr muss sie ihn vermissen. – Wohl genauso wie ich.

Wie kann ich meiner Kleinen helfen?

17. Nov. 2002 @ verwitwet.de

Seit dem Tod ihres Vaters vor sieben Wochen weigert sich meine Kleine (4) zu essen. Sie isst max. eine halbe Scheibe Brot am Tag, stochert im Essen rum, sagt, sie mag nicht essen. Sie nimmt ab und hat schon richtige Augenringe. Jede Nacht kommt sie in mein Bett (für mich kein Problem). Die Ärzte meinen, das würde sich wieder legen. – Wie kann ich Ihr helfen?

(Re) Sie ist wieder ein fröhliches Kind

17. Nov. 2002 @ verwitwet.de

Meine Tochter ist auch vier, und mein Mann ist vor einem halben Jahr gestorben. Sie war ein absolutes Papakind, und bis heute redet sie sehr viel von ihm. Manchmal erzählt sie mir, dass sie seine Stimme hört, in ihr drin. Meiner Tochter hat es anfangs sehr geholfen, dass ich ihr immer wieder erzählt habe, wie und warum er gestorben ist und wo er jetzt ist. Das musste ich immer wieder tun. Ich habe ihr in den ersten Wochen fast täglich ein Kinderbuch vorgelesen, das vom Tod handelt und den Kindern Antworten gibt, die sie verarbeiten können (»Pelle und die Sache mit Mia«).

Ich habe ihr auch gesagt, dass die Seele von ihrem Papa nicht tot ist und dass er sie noch sehen kann. Es tröstet sie, dass der Papa noch irgendwo existiert (und sei es nur in unseren Gedanken und Gesprächen). Ich glaube auch, es ist wichtig, viele Dinge unverändert zu lassen, zum Beispiel den Tagesablauf, den Freundeskreis, häusliche Rituale. Sie hat sich Fotos von ihrem Papa über das Bett gehängt. Anfangs kam sie ständig in mein Bett, aber das hat sich wieder gelegt.

Auch andere Kinder können viel helfen. Vielleicht hast du ja Kinder im Bekanntenkreis, die schon Erfahrungen mit dem Tod gemacht haben – so wie die Freundin meiner Tochter. Die beiden können zusammen Beerdigung spielen oder auf den Friedhof gehen, ohne dass sich einer wundert. Hört sich schrecklich an, aber den Kindern hilft es, das Erlebte zu verarbeiten. Mittlerweile ist meine Tochter wieder ein (fast) normales und fröhliches Kind; nur ab und zu kommt wieder diese tiefe Traurigkeit. Aber das ist ja auch kein Wunder, wo es uns doch schon so schwer fällt, mit dem Verlust klar zu kommen. Ich wünsche deiner Kleinen, dass sie bald wieder lachen kann.

Sie blockt total ab

16. Mai 2004 @ verwitwet.de

Meine älteste Tochter (15) hat, seit ihr Vater gestorben ist, sich immer mehr von der Familie abgewendet. Wenn ich irgendetwas von ihr möchte oder ihr was sage, blockt sie total ab. Sie meint, ihre beste Freundin versteht sie. Mit ihr verbringt sie sehr viel Zeit.

Ich glaube, sie trauert noch immer. Sie war Papas Mädchen, und als mein Mann starb, brach für sie eine Welt zusammen. Sie hat es wohl einigermaßen verkraftet, aber sie hängt immer noch sehr an ihrem Vater.

Es macht mich traurig, dass sie sich von mir abwendet. Bei meinen anderen Kindern ist das nicht so. Ich weiß nicht, was ich machen soll. Ich habe Angst, dass sie auf die schiefe Bahn gerät. Sie raucht seit ein paar Monaten, und in der Schule ist sie schlechter geworden. Ich mache mir wirklich große Sorgen.

... dass auch ich noch sterben könnte

7. Okt. 2002 @ verwitwet.de

Mein 16jähriger Sohn leidet seit einigen Tagen unter einer extremen Antriebslosigkeit, die mit Fieber einherging. Er isst so gut wie nichts, sodass er auch nicht zur Schule konnte. Auf meine Fragen, ob ihn etwas bekümmert, hieß es erst: »Es ist nichts!« Heute dann der Zusammenbruch, und er hat sich geöffnet: Es ist die Sorge, dass auch ich noch sterben könnte ...

Ich kann ihm natürlich nicht versprechen, nicht zu sterben (ich erfreue mich z. Zt. noch bester Gesundheit), doch möchte ich ihm etwas an die Hand geben, sodass er wieder Vertrauen ins Leben hat. Aber ich weiß nicht, was.

Kennt ihr dieses Gefühl auch?

4. Juni 2004 @ verwitwet.de

Kennt ihr dieses Gefühl, dass ihr manchmal Angst habt, es könnte jemandem aus eurer Familie etwas Schlimmes passieren? Oder ihr denkt, ganz krass gesagt, darüber nach, was ihr machen würdet, wenn ihr noch jemanden aus eurer Familie verlieren würdet?

Dieses Jahr ist mein Vater fünf Jahre tot. Seitdem hab ich öfter solche Gedanken. Ja, ich hab echt Angst davor, noch jemanden zu verlieren. Manchmal denke ich, vielleicht bin ich ja gestört oder so was, ich meine, wer stellt sich schon vor, dass noch jemand aus der Familie sterben könnte und man dann nicht wüsste, wie es weitergehen soll? Ich hoffe, ihr versteht einigermaßen, was ich genau meine?

Es sind auch Vorwürfe, die ich mir immer noch mache. Ich war bei der Beerdigung nicht mit auf dem Friedhof, habe Papa nicht besucht im Krankenhaus, als es ihm schlecht ging. Meine Familie hatte gesagt, ich sollte zu Hause bleiben, weil er durch die Medikamente anders aussah als sonst. – Es sind so viele Gedanken, die ich mir mache.

Es war wieder Mama

29. Okt. 2001 @ verwitwet.de

Ich hatte schon länger bemerkt, dass mein Sohn sich verändert hatte. Er war sehr schnell aus dem Häuschen und sehr verletzend gegen uns und Freunde usw. Aber immer, wenn ich ihn nach seinem Verhalten fragte, kam keine vernünftige Antwort. Heute Abend schlug er mal wieder über die Stränge, und als ich ihn ins Schlafzimmer steckte, kam er dann mit seinen Gedanken ans Licht: Es war wieder Mama (was ich mir schon länger gedacht hatte). Er wollte noch mal alles wissen, was Krebs ist, was ein Hirntumor ist. Kann ich ihm ja auch jedes Mal erklären. Aber dann wieder die Frage: Warum ausgerechnet Mama? Da kann ich ihm dann keine Antwort drauf geben ... Dann erinnert ihn alles an Mama, was um ihn herum ist. Als er sich ausgeheult hatte, ging es ihm wieder besser. – Was macht ihr in solchen Situationen?

Endlich konnte sie weinen

3. Dez. 2002 @ verwitwet.de

Gestern vor zwei Jahren passierte, was unsere Welt in Trümmer legte. Mein Mann starb von einer Sekunde zur anderen an einem geplatzten Gehirnaneurysma. Unsere 11jährige Tochter war alleine bei ihm, die damals 13jährige Große war bei mir. Ich habe die Nacht im Krankenhaus verbracht und versuchte zu begreifen, was die Ärzte mir sagten. Dass mein Mann nie mehr wieder kommt. Neben diesem eigenen Begreifen war der schlimmste Augenblick der Moment, als ich den Kindern sagen musste, dass ihr so heiß geliebter Papa stirbt. Niemals werde ich ihre Schreie, ihre Verzweiflung vergessen.

Beerdigung, die erste Zeit danach, ein Zustand wie in einem schlechten Film. Aber mit der Zeit normalisierte sich das Leben wieder, so weit es eben ging, und heute kann ich sagen, es geht mir wieder gut.

Die Kinder waren ganz normal, zumindest sah es so aus. Uns alle drei hatte die große Sprachlosigkeit befallen, keine von uns sprach das Thema an. Ich wusste genau, dass es falsch ist, konnte jedoch nichts dagegen tun.

Gestern nun kam meine Große, mittlerweile 16, am Abend nach Hause und sah völlig verweint aus. Sie ging nach oben, ich hinter ihr her. Und endlich, endlich, konnte sie weinen und ich konnte endlich meine Sprachlosigkeit überwinden, und wir haben geredet, über den Tag damals, über Gefühle, Trauer, wo ist er jetzt, hat er vorher was geahnt und solche Dinge. Jetzt, nach zwei Jahren erst, war es uns möglich, Trauer gemeinsam rauszulassen, war es mir möglich, ihre Trauer auszuhalten. Es hat gut getan, auch wenn es einer der schmerzlichsten Momente meines Lebens war, mein Kind im Arm zu halten und ihre grenzenlose Verzweiflung zu spüren, ihre Seelenqual. Ich erzähle dies heute um anderen Mut zu machen, deren Kinder nicht über den Tod des Elternteils reden. Es kommt eines Tages, es kann lange dauern, aber es kommt.

Sie geben sich gegenseitig Halt

13. Nov. 2001 @ verwitwet.de

Meine Söhne (15 und 17) reden nicht über den Tod ihres Vaters, sind sehr mit sich selber beschäftigt. – Ich habe nun beschlossen, um mich selbst zu zwingen und auch um vielleicht indirekt Hilfe für meine Söhne zu bekommen, ein Trauerseminar mitzumachen, einfach, um mich bewusst einmal die Woche ein paar Stunden mit dem Thema auseinanderzusetzen (außerdem gehe ich nach wie vor regelmäßig zu einem Psychologen).

Seit ihr Papa tot ist, habe ich das Gefühl, dass die beiden besonders gut zusammen harmonieren. Ich glaube, dass sie sich gegenseitig halten, auch wenn sie wahrscheinlich nicht darüber reden (Jungs tun doch so was nicht), aber sie sind sehr nett und kameradschaftlich miteinander und stecken fast ihre ganze Freizeit zusammen. Ich könnte mir vorstellen, dass bei Töchtern auch miteinander viel an Trost läuft, von dem man gar nichts mitbekommt. Und unser Hund ist ganz wichtig, ich denke, sie lassen sich von dem Tier auch trösten, wenn ihnen danach ist.

(Re) Papaquiz

13. Nov. 2001 @ verwitwet.de

Habe vor zwei Wochen einen Vortrag besucht über Traumatologie. Dort sagten sie, dass die Psyche bzw. das Unterbewusstsein zunächst einmal alles wegpackt. Später wird das dann häppchenweise wieder hoch geholt, um es zu verarbeiten. (Das gilt hauptsächlich für traumatische Erlebnisse jeglicher Art, aber ich denke, der Tod des Partners ist immer ein traumatisches Erlebnis, entweder durch den langen Leidensweg vorweg oder durch die Plötzlichkeit des Todes).

Auch ich bin in psychologischer Betreuung, ebenso meine Kinder. Meine Psychologin sagte mir, dass das Unterbewusstsein schlauer ist als das Bewusstsein und immer nur so viel herauslässt, wie wir verkraften können. Auch meine Mädchen (7 und 11) tun so, als wäre nichts passiert. Sie reden zwar mit mir manchmal über den Unfall (sie waren dabei), aber über Gefühle reden sie nicht.

Auch meine beiden verstehen sich seither besser, das hat die Kleine sogar selbst schon gespürt und ihrer Psychologin erzählt! Wenn ich mit ihnen manchmal versuche, über den Unfall zu sprechen (um diesen Bildern endlich den Schrecken zu nehmen), dann höre ich deutlich raus, dass sie sich schon öfter darüber unterhalten haben. Was meine Kinder jedoch gerne tun, ist, sich an den Papa erinnern. Manchmal machen wir ein »Papaquiz«, dann stellen wir uns gegenseitig Fragen, was der Papa jetzt getan, gesagt hätte, welche Augenfarbe er hatte, wie er am liebsten auf der Couch saß, welches seine Lieblingskleidung war, sein Lieblingsessen usw. Das gefällt ihnen sehr, und ich merke, wie viel Erinnerung an Kleinigkeiten in ihnen steckt. Das macht mich sehr froh, denn ich hatte große Angst, dass speziell die Kleine sich später mal kaum an ihren Papa erinnern wird. So halten wir die Erinnerung lebendig, machen ein Spiel daraus, und keiner ist dabei traurig. Manchmal wissen die Kinder Dinge, die ich nicht mal mehr weiß!

Dass die Kinder vor uns nicht weinen, liegt nach Meinung der Kinderpsychologin an verschiedenen Dingen: Sie erleben so einen Schicksalsschlag anders als wir. Es ist für sie zwar auch traurig und schmerzlich, aber das Wichtigste ist für sie, dass die Normalität wieder hergestellt wird, das gibt ihnen Sicherheit.

Kaum Trauer nach dem Tod

5. Febr. 2003 @ verwitwet.de

Mein Mann hat sich vor einem Jahr das Leben genommen. Ich habe fünf Kinder, und ich kann bei keinem der fünf irgendwelche Verhaltensauffälligkeiten beobachten. Mein Mann hatte immer sehr für seinen Beruf gelebt, und das erste, was meine 13jährige Tochter damals sagte (»Es wird sich ja eh nicht viel ändern, weil der Papa ja nie da war«), scheint sich zu bewahrheiten. Unser Leben geht scheinbar in geregelten Bahnen. Kein Kind zeigt irgendwelche Auffälligkeiten: keinen Leistungsabfall in der Schule, keine Änderung im Verhalten, kein Einnässen, kein Klammern (jedenfalls nicht mehr als vorher), kaum Wut, nichts. – Mir macht dieses Unbeteiligtsein der Kinder große Angst.

Die Qual unserer Kinder

25. Nov. 2003 @ verwitwet.de

02.12.2000: Mein Mann bricht bewusstlos im Auto zusammen, meine kleine Tochter ist bei ihm und erlebt mit elf Jahren, wie der Notarzt durch die Nacht rast und ihr Papa reanimiert wird. Sie sitzt allein in seinem Auto, hat mich über Handy alarmiert. Als ich ankomme, sitzt sie mit starrem Gesicht im Wagen und starrt ins Nirgendwo. Der Notarzt bringt meinen Mann ins Krankenhaus, ich meine Große, 14, und meine Kleine nach Hause. Sage ihnen, er ist in guten Händen.

03.12.2000: Komme nach einer im Krankenhaus durchwachten Nacht nach Hause und versuche zu begreifen, was der Arzt mir gesagt hat: Mein Mann hat keine Chance, alle lebenswichtigen Funktionen sind außer Kraft gesetzt.

10.00 morgens: Ich gehe wie eine Marionette die Treppe hoch ins Kinderzimmer. Große Augen sehen mich an, warten darauf, dass ich sage, alles wird gut. Doch ich muss ihnen sagen: »Die Ärzte haben gesagt, dass Papa sterben wird.« Augen, die mich ungläubig und entsetzt ansehen, lautes verzweifeltes Schreien: »Nein, nein, wir brauchen ihn doch noch!« – eine Flut von Tränen. Fluchtreaktion der Kleinen, sie will wegrennen. »Ich muss hier weg, ich muss hier weg …!« Mit all meiner Kraft halte ich sie, halte sie fest, wiege sie wie ein Baby in meinem Arm, sitze zwischen meinen Mädchen im Bett und habe das Gefühl, dass mein Herz bricht.

04.12.2000: Mein Mann wird für hirntot erklärt … aus.

Nächste Woche ist wieder der 2.12., dann der 4.12., und ich merke meinen Kindern an, dass sie in der Zeit vor drei Jahren sind mit ihren Gedanken. Ich habe meine Trauer gut verarbeitet, die schmerzliche Erinnerung ist der liebevollen und dankbaren gewichen, aber ich habe seit Tagen wieder die Szene im Kinderzimmer im Kopf, höre im Traum die Schreie und sehe ihre Augen. Ich habe eine solche Wut auf das Schicksal, auf Gott, auf wen auch immer, dass er mir das zugemutet hat, als Mutter den Kindern den Tod des geliebten Papas zu sagen, dass er es Kindern zugemutet hat, diesen Schmerz in so jungen Jahren zu durchleben. Das ist es, was mich bis heute quält, was mich mein Leben lang quälen wird: dass ich nichts wirklich tun kann, um den Kindern den Schmerz um diesen Verlust zu nehmen.

(Re) Stark werden

26. Nov. 2003 @ verwitwet.de

Als mein Mann vor vielen Jahren die Diagnose Gehirntumor bekam, waren unsere Söhne vier und sechs Jahre alt. Ich hatte irgendwann mal ganz verzweifelt ein Gespräch mit unserem Heilpraktiker über die Fragen »Warum er? Warum müssen unsere Kinder …?« Du kennst diese Fragen ja alle.

Er hat damals etwas gesagt, was mir in all den Jahren geholfen hat: »Erstens suchen sich Kinder ihre Eltern aus« (ich weiß, da muss man dran glauben, aber ich tu das) »und zweitens werden deine Kinder mal stark werden durch diese Geschichte.«

Mein Mann ist nach insgesamt elf Jahren Krankheit gestorben, das ist auch schon wieder zweieinhalb Jahre her. Unsere Jungs sind jetzt 17 und 19. Sie sind trotz allem ganz normale Jugendliche, freuen sich am Leben und haben Spaß, machen ihre Schule und Ausbildung genauso recht und schlecht wie Gleichaltrige. Sie halten zusammen und verstehen sich prächtig, unternehmen viel miteinander. Sie vermissen Ihren Vater vor allem bei besonderen Gelegenheiten: Geburtstage, Feiertage, Familienfeste, bei Prüfungen, Diskussionen übers Auto, Berufsfragen … Sie reden nicht drüber. Natürlich haben meine Kinder nicht diesen plötzlichen Tod verkraften müssen, wir konnten uns über viele Jahre mit der Krankheit und – ein paar Monate – mit dem unausweichlichen Tod auseinandersetzen, was die Trauerverarbeitung schon anders macht als bei euch.

Trotzdem sollte man die Kinder genau beobachten, nicht nur an den speziellen schwierigen Tagen. Wie geht es ihnen tatsächlich? Oder ist der Schmerz, von dem du meinst, dass SIE ihn empfinden – in Wahrheit, wenn du ganz, ganz ehrlich bist, eigentlich mehr DEIN Schmerz bzw. der Schmerz, von dem du denkst, dass ihn deine Kinder empfinden müssten? Bitte versteh mich nicht falsch, ich kann das nicht beurteilen, kenne weder dich noch deine Kinder, aber ich meine, dass du diesen Gedanken vielleicht einfach nur mal durchdenkst. Manche Menschen (ich kenne einige aus unserer Selbsthilfegruppe) projizieren nämlich Ihren eigenen Schmerz tatsächlich auf ihre Kinder. Ich denke, das läuft auf einer unbewussten, tiefen Ebene ab.

(Re) Offener dem Leben gegenüber

26. Nov. 2003 @ verwitwet.de

Du schreibst mir aus dem Herzen. – Ich war damals 16, als ich Halbwaise wurde und habe das Gefühl, dass es mich stark und viel offener dem Leben gegenüber gemacht hat.

Ich habe eine sehr liebevolle und stärkende Kindheit und Jugend gehabt. Egal, ob mit einem oder zwei Elternteilen. Andere Kinder haben und hatten sicherlich wesentlich schlechtere Startbedingungen ins Leben. Ich hatte Eltern, die sich auf mich gefreut haben, ich war und bin gesund, wir hatten genug zu essen, ich habe keine Gewalterfahrungen machen müssen, keinen Krieg miterlebt ...

Ich stimme deiner Meinung über die Interpretation des Schmerzes bei Erwachsenen und Kindern voll zu. Kinder nabeln sich mit dem Beginn ihres Lebens immer mehr von den Eltern ab. Insofern trifft sie der Tod eines Elternteils ganz anders als die Erwachsenen der Tod des Partners. Ich habe oft das Gefühl, dass Kinder sich besser an die neue Situation anpassen können als die Erwachsenen und dass sie – ein bestimmtes Alter vorausgesetzt – wesentlich pragmatischer und realistischer mit der Situation umgehen. Kinder leben viel mehr im »Hier und Jetzt« und nicht im »Was wäre, wenn ...«

Deutlich merke ich die Unterschiede jetzt in meiner Familie. Als ich meinen Mann kennen lernte, habe ich seine Kinder so gesehen, wie ich mich damals auch gesehen habe, eben als Kinder und nicht als Opfer, denen das Schicksal übel mitgespielt hat. Oftmals war das für die Kinder eine ganz andere und neue Erfahrung. Sie waren bis dahin häufig in Kontakt mit Selbsthilfegruppen, bei Wochenenden für trauernde Kinder, sahen Papa oft im Fernsehen, berichtend über die Situation als Witwer. Seitdem wir sie völlig da raus halten, ist das Thema Halbwaise sein selten gefragt. Ich behaupte auch, dass man von außen nicht erkennen würde, dass hier drei Halbwaisen leben. Die drei sind nicht anders als andere Kinder, sind vielleicht sogar ein wenig mehr lebenslustig, selbstbewusst, zielstrebig und willensstark als andere Kinder – eben mitten im Leben!

Aus dem Bauch heraus

14. April 2002 @ verwitwet.de

Ich bin seit über sechs Jahren verwitwet. Meine Kinder sind elf und knapp 17. Beide haben den Tod ihres Papas gut verkraftet, haben es jedoch ganz unterschiedlich verarbeitet.

Mein Sohn war schon immer still und zurückhaltend. Er war dabei, als ich meinen Mann tot aufgefunden habe. Achim wollte von Anfang an nicht darüber reden, weder mit mir noch mit anderen, und hat sich einfach weggedreht, wenn er darauf angesprochen wurde. Ich habe das so akzeptiert. In den vergangenen Jahren hat er sich aber genau dieselben Eigenschaften, Hobbys und Ideen angeeignet wie sein Papa – von sich aus, ohne dass ich das gezielt gefördert habe. Er liest die gleichen Bücher, hat die gleichen politischen Interessen und die gleichen Vorlieben für Feuerwehr bzw. THW – und den gleichen Sturkopf, wenn's drauf ankommt. Er sieht seinem Papa auch verblüffend ähnlich. Meine Tochter Jana hat dagegen ganz anders reagiert. Sie hat von Anfang an sehr um ihren Papa getrauert, viel geweint und wollte immer viel von ihm erzählt bekommen, seine Fotos anschauen und über ihn reden. Und das haben wir auch immer gemacht. Auch wenn sie jetzt nur noch selten weint, ein Bild vom Papa hat sie immer dabei, in der Schule oder wenn wir verreisen. Sie sagt immer, der Papa bringt ihr Glück.

Als mein Mann starb, wurde mir von vielen Leuten geraten, fachliche Hilfe für die Kinder in Anspruch zu nehmen, damit sie lernten, mit der Trauer richtig umzugehen. Ich wollte das damals nicht, im Nachhinein muss ich sagen, es war auch nicht nötig. Ich habe aus dem Bauch heraus gehandelt, und es war gut so. Eines war für mich ganz wichtig: Ich habe mit meinen Kindern trotz der Trauer und dem Schmerz auch immer versucht, die schönen Seiten des Lebens zu suchen und zu genießen. Mein Mann war ein lebensfroher Mensch und ich denke, er wäre stolz auf uns.

Wie meine Kinder mir helfen

11. Mai 2004 @ verwitwet.de

Mein Liebster ist im Februar gestorben. Wir waren fünfeinhalb Jahre zusammen. Aber wir haben keine gemeinsamen Kinder. Meine Kinder haben ihn jedoch diese ganze Zeit erlebt und mit ihm gelebt. Und sie mochten ihn sehr.

Ich weiß, dass sein Tod auch sie sehr getroffen hat. Sie haben die kurze Zeit seiner Krankheit mitbekommen, haben gesehen, wie sein Zustand immer schlechter, sein Körper immer dünner wurde. Mein Sohn hat ihn einmal gefragt, ob er sterben wird. Und er musste mit ja antworten.

In den ersten Tagen nach seinem Tod haben wir sehr viel zusammen geweint. Aber auch viel geredet. Den Kindern fielen so viele gemeinsame Erlebnisse ein, es war schön von all dem zu erzählen. Nach der Beerdigung haben sie sich relativ schnell wieder gefangen, das heißt, sie haben ihr Leben weiter gelebt. Ganz normal. Jedenfalls sieht es so aus. Mir ist sehr bewusst, dass auch ich als Mutter nicht in meine Kinder hinein gucken kann. Ich denke, sie verarbeiten auf ihre Weise.

Was ich jedoch sagen möchte ist, dass die beiden irgendwie reifer geworden sind. Und dass sie für mich in der Zeit meiner Trauer unglaublich wichtig sind, einfach, weil sie da sind, weil sie mit mir weiter leben. Weil sie verstehen, wenn ich plötzlich zu weinen anfange. Sie sind sehr einfühlsam und vorsichtig, immer dann, wenn ich es brauche. Aber sie lachen und albern auch mit mir und freuen sich darüber, dass ich mich manchmal von ihrer Fröhlichkeit anstecken lasse. – Ich bin sehr glücklich, dass ich sie habe.

Vier Beine, unter der Decke verknotet

7. Nov. 2001 @ verwitwet.de

Gestern Abend, als ich heimkam, waren zwei Freunde meiner Söhne da und saßen mit Johannes im Keller vor ihren PCs. Sebastian (knapp 17 Jahre alt, normalerweise festgewachsen vorm PC) war oben vorm Fernseher und sah so eine Comedy-Show. Ich war verwundert, ging zu ihm hin, sah ihn ganz ernst an, fühlte ihm die Stirn und fragte: »Bist du krank?« Er grinste und meinte, er habe nur keine Lust mehr vor dem PC zu sitzen. Daraufhin tat ich ganz erschreckt und sagte, mit noch ernsterem Ton: »Du meine Güte, das ist ja schlimmer als ich gedacht habe! Ich glaube, wir müssen ernsthaft miteinander reden, das beunruhigt mich ja sehr, wenn du keine LUST mehr auf PC hast!« Dann mussten wir beide richtig lachen. Ich habe mich dann neben ihn gesetzt, meine Beine unter seiner Decke mit seinen Beinen verwickelt und hab mit ihm zusammen geschaut, obwohl ich normalerweise diese Comedy-Sachen wegschalte, es ist mir einfach zu doof. Aber gestern sah ich es mal mit den Augen von Sebastian an, ließ mich von seinem Lachen anstecken. Und das war es, was mir auch heute Morgen noch das Herz erwärmt, dieses ganz tief kommende Lachen meines sonst so coolen und ernsten Sohnes, dieses Lachen, das er so selten hören lässt und das mitten in der Nacht die Sonne aufgehen lässt. Diese knappe Stunde, in der er seinen Kopf an meine Schulter kuschelte oder ich an seine, unsere Beine unter der Decke verknotet waren, war so ein Moment, der mit Sicherheit auch ihm gut getan hat. Der diesen großen jungen Mann, der schon so erwachsen wirkt, der den Tod seines Vaters mit kaum mehr einem Wort erwähnt, zum Kind gemacht hat, das Geborgenheit sucht nach all den Ereignissen des letzten Jahres – was er ja nie zugeben würde und schon gar nicht in der Lage wäre, in Worten auszudrücken.

Ich möchte mit dieser Geschichte Mut machen, auf Kinder zuzugehen, zu spüren, dass sie uns brauchen. Eine Frau hat es mal so beschrieben: Kinder spüren den Kummer des verwitweten Elternteils und wollen auf keinen Fall, dass er noch trauriger wird, wenn er sieht, dass sie auch traurig sind. Deshalb tun sie so, als ob sie schon ganz gut damit fertiggeworden sind und alles gut weggesteckt haben. – Ich bin sicher, sie hatte Recht damit.

4 Erschwerende Bedingungen

Es sagt sich leicht, »jede Trauer ist anders«. Gleichzeitig haben wir alle Regeln im Kopf, die uns sagen, was in Trauer sein darf oder sogar sein muss. Auch, wer überhaupt berechtigt ist zu trauern und wer nicht. Wir glauben, es brauche bestimmte intellektuelle Fähigkeiten, um Tod zu verstehen und Trauer empfinden zu können. Kindern, alten, kranken, behinderten Menschen wird deshalb die Fähigkeit zum Trauern oft abgesprochen. Mit der guten Absicht, ihnen etwas zu ersparen, wird ihnen somit das Recht auf ihren Trauerprozess verwehrt.

Viele glauben, dass der Verlust einer Beziehung, die nur wenige Monate gedauert hat, nicht vergleichbar sei mit dem Verlust eines Partners, einer Partnerin, mit der man Jahrzehnte geteilt hat. Der Tod der ersten großen Liebe in jungen Jahren wird häufig klein geredet, denn »auch andere Mütter haben schöne Töchter bzw. Söhne«. Ebenso wird mit Unverständnis darauf reagiert, wenn der Tod eines Partners, einer Partnerin betrauert wird, von dem oder der man getrennt lebte. Wer von Außen kein Recht auf Trauer zugestanden bekommt, bleibt auch von den Unterstützungs- und Trostangeboten für Trauernde ausgeschlossen. Wer nicht trauern darf, bleibt sehr allein und erleidet neben dem ursprünglichen Verlust weitere Verluste von Nähe, Verständnis und geteiltem Leben. Das erschwert den Trauerprozess unnötig.

Andere Stolpersteine auf Trauerwegen können tabuisierte Todesumstände sein. Wenn ein Mensch sich selbst tötet, wenn Drogen, AIDS oder ein Verbrechen mit dem Sterben verbunden sind, fühlen sich viele Menschen überfordert. Die Angst vor Tod und Trauer überwinden sie schwer genug – die Ängste und Vorurteile in Bezug auf andere Tabus können sie nicht auch noch bewältigen. Oft stehen diese Ängste und Abwehrreaktionen gegen tabuisierte Todesumstände so stark im Vordergrund, dass die Trauernden selbst und ihre Umwelt sich mehr damit beschäftigen als mit dem Trauerprozess. Ich erlebe es häufig, dass Angehörige nach einem Suizid sich mehr mit dem Thema Suizid beschäftigen als mit dem Menschen, der gestorben ist. Und auch, dass ihre Umwelt mehr nach dem »Warum, wie konnte sie/er das tun?« fragt als nach dem »Wie geht es dir, wie kann ich dich unterstützen?«. Gerade bei tabuisierten Todesumständen ist es hilfreich, sich auf den Menschen zu besinnen, der gestorben ist, auf die Beziehung und die geteilte Liebe. Die möglichst vollständige Erinnerung, mit der allein wir einen guten neuen Platz für unsere Toten finden können, braucht alle Facetten – das Leben und das Sterben, die Geschenke und die Schrecknisse, die ein Mensch in unser Leben gebracht hat.

Das gilt auch für die Tode, die durch offensichtliche Fehler und das Versagen anderer Menschen verursacht werden, bei Unfällen, ärztlichen Kunstfehlern und bei Gewaltverbrechen. Die Fassungslosigkeit über das, was Menschen gedankenlos, übermüdet oder tatsächlich in böser Absicht tun können, führt oft zu starken Schuldzuweisungen und einer langen Beschäftigung mit dem Wunsch nach Vergeltung, Rache oder Wiedergutmachung. Das sind zusätzliche Themen, die diese Trauerprozesse erschweren, die viel Energie, oft auch Zeit und organisatorischen Aufwand binden. Aber auch hier steht daneben die Aufgabe, sich innerlich mit dem verstorbenen Menschen, der Beziehung zu ihm oder ihr auseinander zu setzen und das Verlorene zu betrauern. Es wird einer Liebe nicht gerecht, wenn sie nur auf ihr dramatisches Ende reduziert wird, sie sollte im Lauf des Trauerprozesses – und der kann viele Jahre dauern – irgendwann auch wieder als Quelle von Kraft, Dankbarkeit und Freude spürbar werden.

Er könnte noch leben

6. Dez. 2001 @ verwitwet.de

Ich muss mir etwas von der Seele schreiben: Seit drei Wochen versuche ich vergeblich, den Sektionsbericht meines Mannes zu bekommen. Gestern konnte ich ihn endlich lesen, bin geschockt: Mein Mann wurde völlig falsch behandelt, er könnte heute noch leben, hätte man die Thrombose entdeckt, hätte man sich nicht so schnell auf diese falsche Diagnose eingeschossen. Bin tief geschockt und furchtbar traurig, nicht einmal wütend. Musste das nur mal loswerden.

Keine Kraft für ein Verfahren

10. Nov. 2003 @ verwitwet.de

Ich denke, bei meiner Frau war es auch eine versäumte Thromboseprophylaxe, aber auch eine Fehldiagnose. Sie starb 18 Tage nach der Geburt unserer Tochter – an einer Lungenembolie. Auch im Krankenhaus bei der Entbindung gab es anscheinend schon die ersten Fehler – dort bekam sie weder Heparin noch Strümpfe, das bekommen dort nur die mit Kaiserschnitt.

Ich habe nicht die Kraft, hier ein Verfahren in die Wege zu leiten – ich brauche das bisschen Kraft für meine Tochter, und meine Frau bringt mir ein Sieg vor Gericht auch nicht zurück.

100 000 Behandlungsfehler pro Jahr

3. Nov. 2003 @ verwitwet.de

»Geld schinden«, sagst du. – Sagst du das auch der jungen Mutter mit drei Kindern, deren allein verdienender Mann aufgrund ärztlichen Versagens verstorben ist und Rentenansprüche noch nicht in hohem Umfang bestehen? Hast du eine Ahnung davon, wie belastend es ist, gegnerische Schriftsätze zu lesen, in denen dem Gericht vorgemacht werden soll, dass die behandelnden Ärzte alles korrekt gemacht haben und deinem Partner noch eine Mitschuld am eigenen Tod vorgeworfen wird? Kannst du dir das Gefühl vorstellen, dass sich einschleicht, wenn du realisierst, dass der Ausgang des Verfahrens vom Gutachten eines anderen Arztes abhängt, wo dein Vertrauen in Ärzte kaum mehr vorhanden ist?

Patientenschutzvereinigungen gehen davon aus, dass eine Dunkelziffer von 100 000 Behandlungsfehlern pro Jahr besteht. – Ein befreundeter Arzt sagte mir kurz nach dem Tod meiner Frau, einer seiner Ausbilder habe ihm während der Praktikumszeit folgenden Rat gegeben: »Nehmen Sie sich einen Fehler nicht so zu Herzen – wir haben alle unsere Leichen im Keller.«

Was ist das für ein System, in dem alle Beteiligten wissen, dass Fehler gemacht werden und alles getan wird, diese Fehler nicht offenkundig werden zu lassen?

Unfalltod miterlebt

21. Okt. 2001 @ verwitwet.de

Ich habe vor knapp vier Monaten den Unfalltod meines Mannes mit meinen beiden Kindern miterlebt. Während er auf der Stelle tot war, blieben die Kinder und ich unverletzt.

Wie lernt man, diesen Unfall wieder aus dem Kopf zu bekommen? Ich werde nicht fertig damit, dass ich neben ihm saß und ihm nicht helfen konnte, dass ich ihm nichts mehr sagen konnte und er mir auch nicht. Meine Kinder sind von dem Unfall auch traumatisiert, noch dazu, wo es kein gewöhnlicher Verkehrsunfall war, sondern ein umstürzender Baum im Gewitter unser Auto traf. Wir können nicht begreifen, wie so etwas passieren kann.

(Re) Auch ich war machtlos

24. Okt. 2001 @ verwitwet.de

Bei mir war es in etwa vergleichbar. Auch ich stand da, mitten in einer trubeligen Kirmes, und war machtlos, versuchte zunächst meine Frau wiederzubeleben, die ganz plötzlich bewusstlos zusammengebrochen war, bis endlich die Rettungssanitäter kamen. Diese waren dann eine gute halbe Stunde mit Wiederbelebungsversuchen beschäftigt, bis sie sie schließlich in den Rettungswagen trugen. Meine Kinder sahen diesem Treiben weinend aus wenigen Metern Entfernung, bei unseren Freunden stehend, zu. Heute – drei Jahre später – können meine Kinder wohl ganz gut damit umgehen. Seit kurzem gehen die beiden Älteren in unregelmäßigen Abständen zu einer Kinder- und Jugendpsychologin.

Ich selber habe die ersten Monate jede Nacht von dem Ereignis geträumt. Immer wieder wurde der Film ab dem Abend vor dem Ereignis bis zur Fahrt ins Krankenhaus in meinem Kopf abgespielt.

Kurz nach dem Tod ging ich selbst zu einem Therapeuten. Mir hat das Reden gut getan – so wie mir überhaupt das viele Reden und Telefonieren in der ersten Zeit sehr geholfen hat.

Begreifen kann man einen Tod wohl nie. Man lernt vielleicht mit der Zeit, die Tatsache zu akzeptieren und für sich neue Lebensinhalte zu definieren.

Angst, den Unfallort zu sehen

20. April 2004 @ verwitwet.de

Vor fünf Monaten und 14 Tagen ist mein Mann auf der Autobahn in seinem Auto von einem rücksichtslosen Autofahrer getötet worden. Dieser Autofahrer hat ihn von der Fahrbahn gedrängt und ist weiter gefahren. Er hat sich nicht darum gekümmert, was er da getan hat und hat auch bis heute keine Verantwortung dafür übernommen. Es gab kein Kollision, da mein Mann ausgewichen ist, und somit auch keine Spur am anderen Fahrzeug. Die Polizei hat über 800 Fahrzeughalter überprüft, aber ohne Erfolg – was für ein Wort in diesem Zusammenhang!

Mein Mann war sofort tot, wurde in eine große Klinik zur Obduktion gebracht. Ich war weder dort noch an der Unfallstelle. Es war sein täglicher Weg zur Arbeit. Irgendwann muss ich den Weg zu dieser Stelle angehen. Aber wie? Ich habe schreckliche Angst. Sicher kann ich die Stelle umfahren, aber das kann ich doch nicht immer tun. Darf ich mir Zeit lassen – wie lange? Wird es nicht immer schlimmer?

Keine Chance mehr

25. Jan. 2003 @ verwitwet.de

Ich habe meinen Mann vor zwei Jahren verloren. Zum Zeitpunkt seines Todes lebte ich von ihm getrennt, weil ich mir über unsere Ehe klar werden wollte, und dazu brauchte ich Abstand.

Als es irgendwann an der Tür klingelte und ein Polizist mir in umständlichen Worten mitteilte, dass mein Mann tot ist, riss es mir den Boden unter den Füßen weg … Am schlimmsten für mich war die Erkenntnis, dass ich keine Chance mehr hatte, ihm zu sagen, dass ich ihn doch trotz allem geliebt habe und wie Leid es mir tat, ihn in den letzten Wochen seines Lebens allein gelassen zu haben. Wenn ich es doch nur gewusst hätte, warum hat mir niemand gesagt, geh zurück zu ihm, er wird einen Unfall haben und sterben, ohne zu wissen, wie lieb du ihn noch hattest! Unser letzter Kontakt war ein Telefonat drei Tage vor dem Unglück … Die Schuldgefühle, die Hilflosigkeit und der Schmerz nahmen mir all meine Kraft, auf die ich so stolz war. Auch das Unverständnis mancher Leute über meine Trauer (sie hat doch getrennt gelebt, also warum stellt sie sich so an!) hat alles noch schwerer gemacht. Nach außen war ich stark wie immer und habe alles in die Hand genommen, aber kein Mensch auf der Welt kann ermessen, was in mir vorging.

Es vergeht kein Tag ohne Vorwürfe

30. Mai 2003 @ verwitwet.de

Mir fällt es sehr schwer, mit dem Tod umzugehen, weil ich Schuld am Tod eines Menschen habe.

Ich habe meinen Mann durch Zufall kennen gelernt. Meine Ehe war damals gerade geschieden. Es war Liebe auf den ersten Blick. Wir beschlossen nach zwei Jahren unser Leben gemeinsam zu führen, zogen weit weg, um wirklich neu anzufangen. Es waren die schönsten Jahre meines Lebens. Ich hatte zu dem Zeitpunkt schon drei Kinder. Obwohl er nicht der Vater der Kinder war, liebte er sie genauso wie seine eigenen. Der Kleine (jetzt 16 Jahre) war sein Liebling. Wir haben uns geliebt, gestritten und wieder vertragen. Ein Leben ohne ihn war für mich zu diesem Zeitpunkt unvorstellbar. Sieben glückliche Jahre, doch dann ... Er fing wieder an zu trinken. Es kamen Jahre mit Therapien, alle erfolglos. Ich hatte bald keine Kraft mehr. Es drehte sich alles nur noch um die Sucht. Zwei Jahre funktionierte ich nur noch. Freunde holten mich ins Leben zurück. Wir einigten uns darauf, dass er auszieht, aber die Kinder, besonders den Jungen, immer sehen darf, wann er will. Ich lernte jemand anderen kennen und war happy. Doch zum Auszug kam es nicht mehr, er nahm sich das Leben.

Warum hatte ich nicht die Kraft, ihm weiterzuhelfen? Warum musste er mich so bestrafen? Er hat sämtliche Bilder, Briefe, eigentlich unser ganzes gemeinsames Leben ausgelöscht. Es gab einen Freund, der mich anrief und sagte: Du Mörderin! Und da ist auch ein Stück Wahrheit dran. Im Januar bin ich weggezogen, zu dem Mann, den ich kennen gelernt hatte. Meinen Kindern hat es gut getan, besonders den Mädchen, die lieben ihren Stiefpapa über alles, doch der Junge macht mir, wenn auch nicht laut, noch Vorwürfe, dass sein geliebter Papa tot ist. Er hat es nie überwunden und zeigt es mir täglich durch sein Verhalten.

Ich habe große Schuld auf mich geladen und werde damit nicht fertig. Es vergeht kein Tag ohne Vorwürfe, und daran zerbreche ich.

(Re) Du hast keine Schuld!

30. Mai 2003 @ verwitwet.de

Du hast keine Schuld am Selbstmord deines Mannes! Du hast jahrelang versucht ihm zu helfen, hast dein eigenes Leben seinem Leben und seiner Sucht untergeordnet, warst für ihn und die Kinder da. Es kann nicht sein, dass ein anderer die Verantwortung für einen erwachsenen Menschen übernimmt und auch noch für die Entscheidung desjenigen bestraft wird (…)

Lass dir bitte nicht einreden, du seiest schuld am Tod deines Mannes, das bist du nicht! Du hast es verdient, wieder glücklich zu sein. Gib dir und den Kindern Zeit, dieses schreckliche Erlebnis zu verarbeiten.

Wäre *ich* doch gefahren

26. Apr. 2004 @ verwitwet.de

Ich habe meinen Mann vor zehn Monaten durch einen Verkehrsunfall verloren. Er ist auf dem Weg nach Haus gegen einen Baum gefahren. Wir waren auf einer Feier, und ich habe ihn nach Haus geschickt, damit er nach unserem Kind schaut. Ich denke immer: Wäre ich doch selber gefahren oder mitgefahren!

Ich habe Phasen, da kann ich diesen Gedanken verdrängen, aber manchmal holt er mich ganz kalt ein, und ich gebe mir die Schuld.

… und vor allem liebten wir uns

1. Aug. 2003 @ verwitwet.de

Meinen Partner lernte ich drei Tage vor der Diagnose Hirntumor und zwei Wochen vor dem »Aus« (aus der Sicht der Schulmediziner) kennen. Es hieß, im Durchschnitt hat er bzw. haben wir noch ein Jahr vor uns. Nach einem anfänglichen Tief entschieden wir uns für das Leben. Wir hatten uns doch gerade erst getroffen, wollten noch gemeinsam Kinder und vor allem gemeinsam leben. Unsere Liebe sollte die Krankheit besiegen. Von Anfang an stand für mich fest, dass ich bei ihm bleibe – egal, was passiert. Es war für uns beide die große Liebe (ich bin mir da ganz sicher), und es wurden uns eineinhalb Jahre geschenkt. Ich hätte ihn gerne noch geheiratet, wir hatten auch einen Termin, jedoch kam der körperliche Einbruch überraschend schnell, und dann galt er von Seiten des Arztes nicht mehr als zurechnungsfähig. Wir haben nicht die staatliche Urkunde, trotzdem fühle ich mich als seine Frau. Und das fühlt sich verdammt gut an.

Die letzten eineinhalb Jahre waren unglaublich intensiv für mich, im Positiven wie im Schmerzlichen. Wir hatten keinen wirklichen Alltag, trotzdem bin ich mir sicher, egal, was passiert wäre, wir hätten immer zueinander gestanden. Keiner hätte den anderen verlassen. Es ist »nur« ein Gefühl oder vielleicht doch ein Wissen. Ich hatte so gehofft, dass wir erst einmal einen schweren Start haben, dann aber aus dieser Zeit gemeinsam profitieren. Das Wunder geschah nicht.

Ich bin davon überzeugt, dass unser Weg Bestimmung war. Ich war wichtig für ihn und er war wichtig für mich, und vor allem liebten wir uns.

Ich bin so dankbar für unsere gemeinsame Zeit. Ich habe noch nie so viel geweint, aber auch noch nie so viel gelacht (mein Partner brachte mich oft zum Lachen). Ich habe tiefe Liebe kennen gelernt, und weil ich so viel verloren habe (ich war ja so reich beschenkt), bin ich auch tief traurig. – Ich glaube, dass ich durch diese vielen Erlebnisse, die so fern vom Alltag sind, mich verändern werde.

Er ist so weit weg

3. Aug. 2003 @ verwitwet.de

Holger war wohl schon krank, als ich ihn kennen lernte, aber wir wussten es beide nicht. Wir kannten uns sieben Monate, bevor wir ein Paar wurden. Beide waren wir stark beziehungsgeschädigt, ich gerade aus einer fürchterlichen Ehe geschieden, er lebte seit sechs Jahren getrennt von seiner Frau.

Und dann organisierte Holger meinen Urlaub, weil ich keine Zeit hatte, und schickte mich nach Ägypten. Aus Blödsinn sagte ich »komm doch nach«, und genau das tat er. Das waren die vier schönsten Tage, die ich je in einem Urlaub hatte, und dort begann unsere Liebe. Wir hatten danach zwölf wundervolle Monate …

Wir haben uns oft gefragt, wo ist der Pferdefuß, so eine harmonische Beziehung kennen wir beide nicht. Es stimmte einfach alles.

Wir wollten auch heiraten, und Holger sagte, er wolle sich scheiden lassen. Fünf Tage nach diesem Ausspruch hatte er seinen Infarkt und überlebte ihn schwer hirngeschädigt (...). Er erkennt mich nicht mehr, doch im Herzen weiß und fühlt er, wer ich bin, obwohl er nicht mehr weiß, dass wir ein Jahr zusammenlebten. Es ist hart. Ich hatte ihn kaum gefunden, mich bedingungslos geöffnet – und er ist fort. Der Holger, den ich im Reha-Heim besuche, herze und küsse, ist nicht mehr der Holger, den ich kannte. Ich liebe ihn immer noch, aber er ist so weit weg. Ich weiß nicht, was schlimmer ist: den Liebsten an den Tod zu verlieren oder ihn geistig schwerst behindert »leben« zu sehen. Ich weiß nur, ich möchte wieder leben, aber ich weiß noch nicht wie.

Tod in den Flitterwochen

25. März 2004 @ verwitwet.de

Mein Mann ist in den Flitterwochen in der Türkei verstorben. Ganz plötzlich an einer Lungenentzündung. Sieben Tage hat er noch dort im Koma gelegen.

Als ich nach Hause kam, standen in der Wohnung noch die Hochzeitsgeschenke. Ich musste die Hochzeitsfotos aussuchen und alles andere um die Hochzeit noch abwickeln. Wir waren auf dem Papier 21 Tage verheiratet. Ich habe keine Familie mehr, fühle mich einfach nur alleine und verlassen. Ich versinke im Selbstmitleid.

Ich hatte Angst ...

15. März 2004 @ verwitwet.de

Ich habe vor 15 Monaten alleine unsere dritte Tochter zur Welt gebracht, nur zweieinhalb Wochen nach dem Tod meines Mannes. Sie und die beiden anderen Mädels haben mir all die Kraft gegeben, die ich brauchte ...

Ich hatte vor allem Angst, dass sie in der Zeit der Schwangerschaft zu viel mitbekommen haben könnte von all meiner Trauer und Verzweiflung. Aber – sie ist ein absoluter Sonnenschein! Fröhlich, liebevoll und liebenswert. Und sie wird ihren Vater durch all die Erzählungen und Erinnerungen von mir und ihren Schwestern kennen lernen.

Bin ich anders?

9. Febr. 2003 @ verwitwet.de

Mein Mann erkrankte an Leukämie und verlor seinen Kampf trotz erfolgreicher Stammzelltransplantation. 15 Monate lang habe ich ihn auf seinem Weg begleiten können, wir haben nie den Mut verloren und immer weiter gekämpft. Als er starb, war ich bei ihm und konnte mich von ihm verabschieden, konnte um ihn weinen.

Die erste Zeit danach verbrachte ich verblüffend gefasst und konnte sowohl mir selbst als auch meinen fast erwachsenen Kindern Mut zusprechen. Noch heute funktioniert unser Alltag in geordneten Bahnen. Als unverbesserlicher Optimist habe ich schon nach sechs Wochen versucht, diesem schrecklichen Ereignis positive Seiten abzugewinnen. Habe darüber nachgedacht, dass in jeder Krise auch eine Chance liegt und versuche mein Leben nun neu zu gestalten. Manchmal bereitet es mir Sorge, hier zu lesen, wie tief viele in ihrer Trauer gefangen sind. Natürlich geht der Tod meines Mannes auch an mir nicht spurlos vorüber, aber ich versuche immer nur vorwärts zu sehen. Auch kann ich mich ohne Schmerz Erinnerungen hingeben, Fotoalben anschauen, kann Schränke öffnen, komme damit eigentlich gut zurecht. Manchmal packt mich ein schlechtes Gewissen, und ich frage mich, ob ich vielleicht nicht in der Lage bin, so tiefe Trauer zu empfinden wie andere. Oder ob es wirklich sein kann, dass ich diese Trauerarbeit im Eilgalopp abgeleistet habe und weiterhin ableiste.

(Re) Trauer und Freude

12. Mai 2003 @ verwitwet.de

Nein, auch wenn du dich für eine Trauer-Exotin hältst – ich bin mir sicher, dass es vielen hier ähnlich erging. Auch ich musste für mich feststellen, dass in meinem Hinterkopf noch die »Wie-trauere-ich-richtig-Klischees« herumtobten. Zusammenbrechen, heulen, mit den Zähnen klappern, sich nicht mehr kämmen. Nichts von alledem, da waren nur Ruhe und Frieden und Dankbarkeit.

Der Frieden und die Dankbarkeit sind mir geblieben. Mein Mann war an Morbus Hodgkin erkrankt. Das liegt nun sechs Jahre zurück. Chemo und Bestrahlung haben wir überstanden. Ich glaube, diese Zeit hat uns, hat unsere Beziehung zueinander geprägt (...). Ja, ich habe wohl einen Teil der Trauer schon vorweg genommen, vielleicht hatte ich auch schon so etwas wie Übung. Wir konnten uns noch alles sagen, was uns wichtig war. Es gab keinen Missklang, kein »Warum habe ich das nie gesagt, nie getan?«.

Ich war dabei, als er starb, und ich hatte alle Zeit der Welt, Abschied zu nehmen. Ich betrachte unsere Partnerschaft als ein wertvolles Geschenk. Die ersten Wochen wurde ich von einem Hochgefühl begleitet. Soll ich es Euphorie nennen? Neben der Trauer war so viel Glück, und es fällt mir tatsächlich schwer, dies zu beschreiben. Ich fühle mich ganz, heil. Oft fragte ich mich, warum. Ich beantwortete die Frage für mich so: Ein Teil von mir ist mit meinem Mann gestorben. Ein Teil meines Mannes ist zurückgeblieben. Er ist auf angenehme Weise präsent. Die Trauer ist da, aber ich kann mit ihr leben. Sie ist nicht nur schrecklich. So wie Licht und Schatten einander bedingen, so gehören wohl auch Trauer und Freude untrennbar zusammen.

(Re) Ich war irgendwie erleichtert

14. Febr. 2003 @ verwitwet.de

Ich wusste drei Jahre lang, dass mein Mann sterben würde, nur nicht wann. Er war schwer herzkrank und starb am sechsten Herzinfarkt –Sekundentod.

Die Zeit vorher war schlimmer als nachher. Bei jedem Herzanfall (er hatte fast täglich einen) starb ich mit. Als es dann vorbei war und er (und ich) nicht mehr leiden mussten, war ich irgendwie erleichtert... Es war für uns beide kein Leben mehr gewesen, denn er wurde mit der Krankheit und seiner Behinderung nicht fertig und ich nicht mit der Angst um ihn. Ich bin selbst krank geworden und lebte erst nach seinem Tod wieder auf. – Trotzdem: ich wünsche ihn mir zurück.

Organspende

18. Juli 2002 @ verwitwet.de

Vor knapp eineinhalb Jahren haben wir meinen Mann durch einen Unglücksfall verloren. Es hatte einen Brand in unserem Haus gegeben. Mein Mann ist im Rauch zusammengebrochen und erst relativ spät gefunden worden. Er hat noch sechs Tage im Krankenhaus auf der Intensivstation gelegen.

Es wurde uns von Anfang an klar gesagt, dass keine Hoffnung besteht. Als wir gefragt wurden, ob wir uns vorstellen könnten, ihn als Organspender zur Verfügung zu stellen, habe ich zunächst zugestimmt, später aber haben wir wegen einiger Ungereimtheiten unsere Erlaubnis wieder zurückgezogen. – Inzwischen bin ich froh, dass wir meinen Mann vor der Organentnahme bewahrt haben, denn Erfahrungsberichte von Menschen, die Angehörige zur Extransplantation freigegeben haben, haben uns sehr aufgewühlt. Damals haben wir nach unserem »Bauchgefühl« gehandelt. Entscheidend war, dass unsere Bedürfnisse nach einem würdevollen Abschied nicht erfüllt worden wären, wenn wir der Organentnahme zugestimmt hätten. Heute bin ich überzeugt, dass nur jeder Mensch für sich selbst einer Organspende zustimmen kann und dass diese Entscheidung in Kenntnis der Umstände bei einer Organentnahme gefällt werden muss. Ein hirntoter Mensch ist ein sterbender Mensch, der Anspruch auf unsere Zuwendung und Begleitung hat. Organspende und ein Sterben in Würde sind nicht vereinbar.

(Re) Ich würde es jederzeit wieder tun

22. Juli 2002 @ verwitwet.de

Das stimmt so nicht! Mein Mann starb an einem Gehirnaneurysma, und ich habe mich in seinem Sinn für die Organspende entschieden. Ein Mensch, der so stirbt wie mein Mann, wird 36 Stunden lang alle zwölf Stunden untersucht, erst dann, wenn diese Untersuchung jedes Mal die Gehirnströme mit Null misst, wird er für hirntot erklärt. Während einer Organentnahme wird dieser Mensch nicht narkotisiert, und man kann ihn auf Wunsch hinterher jederzeit sehen.

Durch Zufall habe ich von einer Krankenschwester, die bei der OP meines Mannes dabei war, gehört, wie würdevoll auch ein solcher Mensch behandelt wird, von »schlachten« oder ähnlichen hässlichen Dingen kann nicht die Rede sein. (Wobei ich natürlich Ausnahmen nicht ausschließen kann.)

Ich hatte das Glück, von behutsamen Ärzten begleitet zu werden, und auch die Gesellschaft für Organspende begleitet mich bis heute. Ich weiß, dass das nicht allen so positiv widerfährt, habe auch genug andere Geschichten gehört. Und trotzdem – ich würde es jederzeit wieder tun, kann ich (oder mein Kind) doch morgen die nächste sein, die auf ein Organ angewiesen ist.

Was ist Todessehnsucht?

2. Febr. 2004 @ verwitwet.de

Was ist das, das einen Menschen an die Grenzen treibt? Ich habe nach dem Suizid meines Mannes viele schlaue Bücher gelesen, aber verstehen kann ich dieses Nicht-mehr-leben-wollen einfach überhaupt nicht.

Vor 20 Jahren, als ich meinen Mann kennen lernte, kam ich das erste Mal mit dem Thema Depression (auch wenn es nie so beim Namen genannt wurde) in Kontakt. Ich war erschrocken, da in meiner heilen Welt diese dunkle Seite noch nie aufgetaucht war. Aber wir waren verliebt, wir bauten uns zusammen ein Nest, gründeten eine Familie und planten unsere Zukunft, und nach dem ersten gemeinsamen Jahr war dieser Schatten verschwunden.

Im Lauf der Zeit entwickelten wir uns weiter, aber in verschiedene Richtungen. Mein Mann unterstützte mich mit voller Kraft bei meiner Karriere, kümmerte sich um meine Tochter, ermöglichte mir einen erfolgreichen Berufsweg. (Jetzt im Nachhinein denke ich manchmal, dass er mich mit voller Absicht stark und unabhängig sehen wollte.) Wie auch immer, die letzten Jahre führten wir keine enge Beziehung mehr. Er hatte sein Geschäft und war wenig zu Hause, ich hatte meine Hobbys und meinen Beruf. Wir telefonierten jeden Tag und diskutierten über unsere Alltagsgeschichten, und das war's dann. Ich war zu unsensibel, um diese Veränderung in unserer Beziehung bewusst zu registrieren. Jetzt ist er fort – ohne ein Wort und ein Zeichen. Vielleicht habe ich es auch nicht gemerkt, weil ich ihm nicht mehr so nah war. Was mir aber immer und immer wieder im Kopf herum geht: Wieso will ein Mensch nicht mehr leben?

(Re) Ich frage schon zwölf Jahre lang

2. Febr. 2004 @ verwitwet.de

Auf diese Frage werden wir wohl kaum eine Antwort bekommen! Ich stelle sie mir schon zwölf Jahre lang! Mein Mann ging damals auch sang- und klanglos davon. Ob es was gebracht hätte, wenn er sich mir in seinem Vorhaben geöffnet hätte … Wer weiß? Wahrscheinlich wäre ich total überfordert gewesen, hätte gut gemeinte Sprüche und Ratschläge losgelassen und genau das Falsche getan! Letztendlich wäre die Psychiatrie ein Ausweg gewesen, und dann? Die meisten, die einen Selbstmordversuch hinter sich haben, probieren es immer wieder! Und damit leben? In dieser ständigen Angst? Wem wäre geholfen? Das klingt alles sehr, sehr grausam, aber es sind die Überlegungen der letzten zwölf Jahre! Ich bin dahin gekommen zu sagen, es war sein Wille, den ich zu respektieren habe, und ich muss ihn loslassen. Das Verstehen des Ganzen ist eine andere Sache – das kann ich wohl mein ganzes Leben nicht!

Schmerzhaftes Begreifen

19. Okt. 2003 @ verwitwet.de

Niemand weiß eine richtige Antwort, und das hat mich anfangs fast verrückt gemacht. Es ist besonders schwer zu akzeptieren, wenn es sich um einen ansonsten gesunden, vom Naturell her fröhlichen Menschen handelt! In den vielen Jahren unserer Ehe war immer er derjenige, der Klippen mit viel Humor umschiffen konnte – nein, das fasst man einfach nicht!

Ich musste schmerzhaft begreifen, dass man an diese Dinge mit dem Verstand nicht herankommt, man muss einfach akzeptieren, dass ist, was ist. Auch wenn sich alles dagegen aufbäumt … Heute, nach fünf langen Jahren, weiß ich, dass es auf manche Fragen keine Antwort gibt – und dass ich meinen Frieden damit machen muss.

Ich habe meinem Mann im Nachhinein gesagt, ich akzeptiere seine Entscheidung. Ob ich ihm auch meinen Weg in die Wüste der Trauer und Verzweiflung verzeihen kann, diese Frage stelle ich lieber nicht.

Plötzlich war ALLES nur noch NICHTS

8. Jan. 2002 @ verwitwet.de

Ich habe vor neun Monaten meinen Mann durch Suizid verloren. Ich brauchte viele Wochen und Monate, um wieder halbwegs ins normale Leben zurückzukehren. Geschafft habe ich dies nur, weil ich wusste, dass außer mir niemand für unsere vier Kinder da ist. Die Kleinste war da gerade elf Monate.

Die ganze Welt brach für uns zusammen. Nie hatte mein Mann eine Lebenseinstellung gezeigt, die mich an seiner Stärke zweifeln ließ. Auch hatte er Pläne und Träume, und einige davon hatten wir uns bereits erfüllt. Ohne eine einzige Ankündigung ging er aus dem Leben, und plötzlich war ALLES nur noch NICHTS.

Ich konnte den Garten, den er so liebevoll bis zum letzten Tag bewirtschaftet hatte, nicht mehr blühen sehen. Die wunderschönen Sonnenuntergänge über den Bergen – alles nur noch Schmerz. In unserem Haus, das mein Mann mit viel Liebe und Geschick renoviert und ausgebaut hatte, konnte ich ohne Ängste und Herzrasen nicht mehr leben. Das Zimmer, in dem ich meinen Mann fand, habe ich nie wieder betreten. Das Leben, das er aufgegeben hatte, konnte ich allein nicht weiterleben. Drei Monate später zog ich weg aus diesem Haus, aus diesem Ort. Und erst jetzt, nach so vielen Monaten, habe ich nicht mehr ständig dieses schlimme Bild vor mir. Hätte ich ihn nicht gefunden, ich würde bis heute nicht glauben, dass er nicht mehr bei uns ist. Immer wieder frage ich nach dem WARUM, aber langsam kann ich nicht mehr. Ich fange an, seinen Tod zu akzeptieren.

5 Von der Einsamkeit, nicht nur an besonderen Tagen

Wenn das Zuzweit, das Gemeinsam, das Wir zu einem Alleine, zu einem Ich ohne Du auseinander gerissen wird, dann beginnt die Einsamkeit.

Ungewohnt und unvertraut erscheint das Leben. Unterbrechungen des Alltags, besondere Tage, verstärken die Einsamkeit. Ein einzelnes Jahr ist voll von besonderen Tagen: Weihnachten und Silvester. Geburtstage der Kinder, des/r Verstorbenen, der eigene Geburtstag. Urlaub, Feiertage. Kennenlerntag, Hochzeitstag. Manchmal auch: Einschulung, Konfirmation oder Schulabschluss von Kindern, Familienfeste. Immer wieder: Notlagen, ein Unglück, ein weiterer Verlust. Eine neue Zeitrechnung beginnt, Jahre werden durch den Todestag voneinander unterschieden. An allen diesen Tagen ist sie zu spüren, die Einsamkeit.

Daneben die ganz eigenen, alltäglichen Momente von Einsamkeit. Die unzähligen ersten Male des Alleine-Tuns, das ständige Wiedererleben des Vermissens, die tägliche Gewissheit: nie mehr werden wir, können wir, dürfen wir…

In diesem Kapitel wird von Einsamkeit erzählt, wo und wann sie zu fühlen ist. Es wird nicht schön geredet, wo es nichts schön zu reden gibt. Es berichtet auch davon, dass sich Einsamkeit verändern kann. Dass es möglich ist sie auszuhalten, zu entmachten und zu gestalten.

Samstagabend

14. April 2002 @ verwitwet.de

Ein schöner Samstagabend, Sohnemann ist bei Opa über Nacht. Eigentlich steht Kegeln auf dem Terminplan, aber ich habe irgendwie keine Lust auf immer die gleichen Gesichter und Geschichten und beschließe einfach mal (wie früher?) ins »böse Leben« abzutauchen. Theoretisch gut, aber praktisch nicht. Ich saß da mit meinem Bier in einer mir gut bekannten Gastwirtschaft und habe mich doch nur an der Zigarette und dem Bier vor mir festgehalten. Um mich herum viele nette Leute, die sich auch gut unterhalten. Der Gedanke, »was mach ich hier eigentlich« schleicht sich ein. War ich nicht früher mal anders? Es war der erste Versuch nach sehr, sehr langer Zeit mal wieder »auf ein Pils auszugehen«, aber es war nicht der Hit. Ist es das, was mein weiteres Leben prägen wird? Ich hoffe nicht.

Ein Versuch

15. April 2002 @ verwitwet.de

Ich werde den Abend nie vergessen. Die Kinder waren versorgt, und ich hatte mir vorgenommen, endlich mal wieder in ein Steakhouse zu gehen – allein, aber warum nicht. Es war schon seltsam, sich allein an einen Tisch zu setzen. Noch unangenehmer war es, allein zu bestellen. Richtig schlimm wurde es, als das Essen da war und ich das auch noch allein essen musste. Noch nie war ich so schnell wieder draußen, lange habe ich mich nicht so allein gefühlt. Ich hatte das Gefühl, alle – auch die Bedienung – fragen sich, was ich hier so allein will.

Manche Dinge sollte man halt nicht allein tun. Trotzdem, nicht den Mut verlieren.

Fehl am Platz

14. April 2002 @ verwitwet.de

Auch ich kenne das Gefühl, immer irgendwie fehl am Platz zu sein. Ich glaube, es ist einfach auch der Wunsch nach wirklicher Vertrautheit und nach Verständnis. Ich meine damit nicht unbedingt das Verständnis für die jetzige Situation, sondern eben die Vertrautheit einer liebevollen Beziehung. Dieses stille Verständnis und die Vertrautheit, jemanden anzusehen und zu wissen, was gerade los ist. Und das ganze auch noch auf Gegenseitigkeit. Aber da ist es halt, dieses Loch, mit dem Wissen, SO ETWAS schon mal gehabt zu haben und dass es SO nicht wieder kommt. Es gibt viele nette, lustige Menschen um uns herum, aber nur sehr, sehr wenige liebe Menschen, welche das »schwarze Loch« etwas grauer erscheinen lassen. Ich weiß auch nicht, ob es mit der Zeit besser oder anders wird, ich weiß nur, dass wir damit irgendwie leben müssen. Und je nach eigener Stimmung gelingt es ja manchmal auch.

Alle sind komplett

09. Nov. 2001 @ verwitwet.de

Sie haben Nachwuchs, das zweite Töchterchen. Ich bin so traurig. Ich bin traurig, weil sein Freund glücklich ist. Wahrscheinlich bekomme ich jetzt wieder Hiebe von dem ein oder anderen, aber das ist mir jetzt auch egal. Alle sind komplett, ich habe nicht mal den Mann dazu. Nicht mal den Vater für mein eines Kind. Nicht mal den Mann, um auch Leben zu schenken. Er würde sich so freuen. Er war so kinderlieb. Ich weine. Wie soll das weitergehen. Wie soll ich mich an diesen Kindern freuen ohne Dich, mein Schatz. Ihnen wird Leben geschenkt, uns wurde Leben genommen. Wir können keins mehr geben. Ich habe einfach nur noch Schmerzen. Nie werde ich vergessen, wie Du UNSER Kind das erste Mal in den Armen hieltst. Wie gerne hätte ich diesen Moment noch einmal. Nicht mal in Gedanken kann ich diesen Moment mehr teilen. Du bist nicht mehr da. Ich liebe Dich. Ich liebe unsere Vertrautheit, und sie ist nicht mehr da.

Umgang mit der Einsamkeit

16. Okt. 2003 @ verwitwet.de

Schon denke ich hin und her, was mache ich mit meiner Einsamkeit. Da gibt's so viele Arten von. Die Einsamkeit des alleine morgens Aufwachens ist eine andere als die, etwas Schönes nicht teilen zu können, wieder anders als die, wenn's schwierig wird und mir Unterstützung und Rückhalt fehlen, am Friedhof ist's noch mal anders einsam, oft eher schön, weil es um mich und in mir ganz ruhig wird. Und die gefühlte Einsamkeit ist auch nicht immer gleich. Für mich sind Übergänge schwierig, von der Arbeitswoche ins Wochenende, vom Besuch haben zum wieder alleine Sein, vom Telefonieren zur Sprachlosigkeit. Naja, so habe ich viele Monate fast gar nicht telefoniert, weil ich die Stille nach dem Auflegen nicht aushalten wollte. Bin im Winter freitags nach Feierabend in die Sauna, oft alleine, manchmal mit einer Freundin, um den Anfang des Wochenendes erträglicher zu gestalten. Und die Nach-Besuchs-Einsamkeit habe ich ausgehalten, weil Besuch haben schön und mir wichtig ist. Habe versucht, weiter am Leben teilzunehmen, nicht, weil ich es so klasse finde, sondern nur, um es nicht zu verlernen. Insgesamt ist der Umgang mit meiner Einsamkeit eine Gratwanderung, ein ständiges Ausprobieren, Versuchen, Üben. Mag mich nicht hängen lassen (im Sinne von mag für mich sorgen, auf mich achten, freundlich zu mir sein), aber mich auch nicht zwingen oder überfordern. In Bewegung und offen bleiben, auch mal was wagen, was versuchen, was mir bisher fremd war – und dabei mitkriegen, wenn's reicht, wenn's zuviel, wenn's falsch wird.

Möglichkeiten gibt's genug, aber nicht alles passt zu jeder Zeit. Und manche Einsamkeit will einfach ausgehalten sein, da mach ich gar nix dran, da habe ich auch keine Ideen zu, da kann ich nix vermeiden, denn morgens Aufwachen findet eben täglich einmal statt. So ist das bei mir mit der Einsamkeit.

Ich war wie Luft

08. Dez. 2002 @ verwitwet.de

Ich dachte mir heute Nachmittag, ich muss raus und bin zum Christkindlesmarkt gefahren. Dort war lauter Trubel. Glückliche Familien mit lachenden Kindern. Halt solche glücklichen, zufriedenen Menschen, zu denen ich vor vier Jahren auch noch gehörte. Ich stellte mich etwas abseits, trank einen Glühwein und kam mir vor, als ob ich gar nicht gesehen werde, ich war wie Luft. Und wieder mal wurde mir klar, ich hab's noch nicht geschafft, dass mir das alles nichts ausmacht.

Nicht weglaufen

11. Nov. 2001 @ verwitwet.de

Stelle fest, dass nicht nur mich die Gedanken um die Zeit des 24.12. bis 1.1. in den vergangenen Tagen sehr beschäftigen. Weihnachten möchte ich eigentlich zu Hause verbringen, da ich aus der Selbsthilfegruppe weiß, es bringt nichts, vor dem ersten Weihnachten wegzulaufen. Diejenigen, die schon eine längere Zeit hinter sich haben und dieses Jahr vor dem zweiten Weihnachten stehen, haben alle letztes Jahr »ausfallen« lassen oder sind geflüchtet. Jetzt haben sie wieder genauso Angst davor wie letztes Jahr. Nachdem ich nun auch die Therapeuten meiner Kinder gehört habe, die unisono behaupten, für die Kinder sei die Normalität und der Alltag das Wichtigste, heißt es jetzt für mich: Augen zu und durch. Aber Silvester – grauenvoll!! Das erste Jahr ohne meinen Mann beginnen!! Habe jetzt auch so meine Erfahrungen gemacht, als ich das Thema im Bekanntenkreis angesprochen habe. Irgendwie haben alle ein schlechtes Gewissen, mich »im Stich zu lassen«, würden aber wohl alle lieber in fröhlicher Runde feiern und nicht mit einem Trauerkloß neben sich. Natürlich traut sich keiner das so direkt zu sagen und so habe ich ein paar fadenscheinige Ausreden gehört – das tut aber ganz schön weh.

Weihnachtliche Vorfreude

24. Dez. 2001 @ verwitwet.de

Meine Frau und ich waren früher auch die reinsten »Weihnachts-Männer«. Wir haben uns in der Vorweihnachtszeit stundenlang dort herumgetrieben, wo man weihnachtliche Dinge ansehen und kaufen konnte. Weihnachtsmusik lief bei uns spätestens seit dem ersten Advent. Das Aussuchen der Geschenke – nicht nur für die Kinder – war für uns etwas sehr Wichtiges. Wir haben uns unheimlich Mühe gegeben, dem anderen ein schönes Weihnachtsfest zu bereiten. Und glücklich waren wir am heiligen Abend nur, wenn der andere glücklich war. Die Vorfreude auf Heiligabend war bei uns beiden nicht weniger groß als mit zehn Jahren. Kurz, wir haben mit 34 Weihnachten gefeiert wie die Kinder …

Heute hat Weihnachten für mich persönlich keine Bedeutung mehr. Ich funktioniere für die Kinder. Weihnachtliche Vorfreude habe ich nicht einmal fünf Minuten vor der Bescherung. Das ist leider auch bei mir vorbei. Ich mache aus meinem Haus und dem Garten nur für die Kinder ganz viel Weihnachten. Und ich sehe, dass das für meinen beiden ganz wichtig ist. Sie sehen jede Lichterkette, die letztes Jahr da war, dieses Jahr aber fehlt. Ich möchte, dass sie später mal mit 34 genauso Weihnachten feiern wie meine Frau und ich. Ob das für mich noch mal so wird, weiß ich nicht. Aber da gebe sogar ich – als Berufspessimist – nicht die Hoffnung auf.

Ein eigener Baum

17. Nov. 2001 @ verwitwet.de

Gestern habe ich beim Anblick von wunderschönen Christbaumkugeln spontan beschlossen, dieses Jahr zum ersten Mal einen Weihnachtsbaum aufzustellen. Als wir noch kein Kind hatten bzw. es noch klein war, haben wir auf einen eigenen Baum verzichtet, weil wir immer einen Tag mit der Familie um meine Schwiegermutter, einen Tag mit der Familie um meinen Schwiegervater (beide Familien sind großartig und wunderbar und unterstützen mich in allen Belangen umfassend) und einen Tag mit meiner Familie verbracht hatten und von daher diesen Weihnachts-Triathlon ausreichend fanden. Dieses Jahr wird genauso verlaufen. Ich werde jeden der drei Feiertage bei einer der drei Familien verbringen. Diese Tradition ist für mich – besonders dieses Jahr – ein Stützpfeiler. Sie gibt mir das Gefühl, dass nicht alles durch den Tod meines Mannes vergangen ist. Und trotzdem werde ich dieses Jahr zum ersten Mal einen eigenen Baum haben. Meine dreijährige Tochter und ich werden ihn zusammen schmücken und uns dann nach den Feiertagen daran erfreuen.

Ich glaube, der Baum ist ein Symbol für mich. Ich werde einen Teil des Festes genauso begehen wie immer, auch wenn es nie mehr so sein wird, wie es war. Und doch finde ich dabei meinen eigenen Weg und treffe Entscheidungen spontan nach meinem Geschmack. Es wird etwas geben am Fest, das total neu ist, das ich mit meinem Mann nicht erlebt habe. Das ist wirklich ein Schritt für mich, das zu tun und nicht aus Sentimentalität alles so zu belassen wie immer bzw. aus Kummer alles zu verändern oder zu flüchten. Und so werde ich auch mein Leben weiterleben.

Ich habe das Bedürfnis, Euch meinen »Meilenstein« mitzuteilen. Ich bin stolz darauf. Es geht vorwärts.

Letztes Weihnachten

18. Dez. 2002 @ verwitwet.de

Ich bin eine fanatische Weihnachtstante, ich liebe diesen ganzen Klimbim und Kitsch und all die Rührseligkeit. Mein Mann ist in diesem Jahr am 6.1. an seinem Krebsleiden gestorben. Wir haben in den

Jahren unserer Ehe Weihnachten und den Advent immer sehr gemocht. Letztes Jahr, als wir unumstößlich wussten, dass es das letzte Weihnachten sein wird, dass es gar die letzten Lebenstage sein werden, habe ich, ähnlich wie viele es beschreiben, keinerlei Lust oder gar Kraft auf die sonst üblichen Vorbereitungen und Prozeduren verspürt. Ich hielt es für unmöglich, so etwas wie Weihnachtsstimmung zu schaffen, wenn mein Mann im Sterben liegt. Er hat das nicht akzeptiert, hat mich mit wenigen, aber eindringlichen Worten gebeten, ihm zu Liebe noch einmal alles so schön wie immer zu machen und es auch in der Zukunft so zu halten; ich solle ihm das nicht antun, dass er mit der Last gehen muss, daran zu denken, dass seine Familie so unter seinem »nicht mehr lebendig sein« leiden soll. »Ich bleibe immer bei euch, und ich möchte euch glücklich sehen.« Auch meine Kinder, die meinen Weihnachtsfimmel sonst ziemlich kommentarlos hinnahmen, baten um all die vertrauten Rituale, und dann ging es auch. Es war eine wunderschöne Zeit, ich habe meinem Mann sein letztes Buch vorgelesen, wir haben jeden Moment, den uns die Krankheit gelassen hat, genutzt. Am 21.12. glaubte mein Mann, er schaffe es nicht mehr. Es ging ihm sehr schlecht, er hat sich von allen verabschiedet, alle getröstet und sich bedankt für das, was er bekommen hat, und dann hat er sich doch von Tag zu Tag gehangelt. Seinen Geburtstag am 23.12. »geschafft«, Heiligabend geschafft – ich habe ihm am Bett die Weihnachtspredigten von unseren Pastoren vorgelesen, als unsere Kinder und seine Mutter in der Kirche waren, sein jüngster Sohn seinen letzten Auftritt in einem Krippenspiel hatte, er hat es noch einmal geschafft, an diesem Abend ins Wohnzimmer zu kommen und alle noch einmal stehend zu umarmen. Er war sehr glücklich darüber, und ich kann es heute immer noch nicht richtig begreifen, wie man so gefasst und ohne jede Bitterkeit so ein Schicksal annehmen kann. Und er hat den 27.12 geschafft, den Tag, an dem wir uns einmal kennen gelernt hatten, und hat es bis Silvester geschafft, weil sein allerbester Freund ihn noch einmal besuchen kam, und hat die letzten Tage bis zu seinem Tod mit seinen Kindern und mir allein zu Hause verbracht, wie er es sich gewünscht hatte. Als er starb war eine Stimmung im Haus, die ich wohl so an Feierlichkeit und Friedlichkeit nie wieder erleben werde. Und das ist für mich jetzt weiter der Sinn von Weihnachten: Friedlichkeit und bedingungsloser Zusammenhalt meiner Familie und aller, die dazu gehören wollen, auch wenn sich die äußerlichen Bedingungen radikal geändert haben.

Ich habe eigentlich keine Angst vor dem ersten Weihnachten danach. Ich möchte auch traurig sein dürfen. Trauer gehört irgendwie zu Weihnachten dazu. Am Fest der Besinnung – muss man da nicht auch traurig sein? Ich habe mehr Angst, etwas von dieser Kraft zu verlieren, die mich seit diesem Erlebnis trägt. Ich bin meinem Mann unendlich dankbar für unser gemeinsames Leben und diesen innigen, friedlichen Abschied.

Alles ist noch so gegenwärtig

11. Dez. 2001 @ verwitwet.de

Er ist heute, der erste Todestag meines Mannes. Schon ein Jahr, mein Gott. Wie oft habe ich mir in diesem vergangenen Jahr gewünscht, dass die Zeit schneller vergeht, dass sie mir hilft. Aber sie ist langsam vergangen. Jeder einzelne Tag war lang und quälend. In den ersten Wochen nach seinem Tod habe ich oft gehört, dass es mir besser ginge, wenn das erste Jahr erst einmal vorbei ist. Was hilft einem dieser Gedanke am Anfang? Die Zeit schleicht vorbei, und ich habe mir oft gewünscht aufzuwachen, wenn alles vorbei ist, wenn ich wieder leben kann. Heute ist es vorbei, dieses Trauerjahr, dieses schreckliche, schmerzliche Jahr. Geht es mir nun besser? Wenn ich darüber nachdenke, meine ich, dass die Trauer nicht an eine Zeit gebunden ist. Alles ist noch so gegenwärtig. Ich sitze in Gedanken noch immer am Bett meines gerade verstorbenen Mannes und erlebe, wie meine persönliche Welt zusammengebrochen ist. Das Jahr hat daran nichts geändert. Ich vermisse ihn und ich liebe ihn. Alles ist noch so gegenwärtig, jedes Lachen, jede Geste, jedes einzelne Haar auf seinem Kopf. Alles ist so, als wäre es erst gestern gewesen.

Er fehlt mir mit jedem Tag mehr

12. Dez. 2001 @ verwitwet.de

Am 30. Dezember wird es ein halbes Jahr, dass mein geliebter Mann nach einem fürchterlichen Schlag auf's Auto plötzlich kein Wort mehr zu uns gesagt hat. Auch ich dachte, nach ein paar Monaten wird es leichter. Der alles ausfüllende Schmerz würde nachlassen. Dem ist aber nicht so. Denn an die Stelle des übermächtigen, jähen Schmerzes tritt jetzt das langsame Erwachen aus einem Schockzustand und macht Platz für die übermächtige Sehnsucht nach ihm. Und die lässt sich auch durch Ablenkung oder Lebensaufgaben (Kinder, Arbeit ...) nicht verdrängen. Im Gegenteil! Er fehlt mir mit jedem Tag mehr, ich kann keine Entscheidungen mehr mit ihm absprechen, kann ihm nicht von meinem Tag erzählen, mich nicht anlehnen, ihn nicht umarmen und festhalten. Er fehlt mir mit jeder Sekunde mehr. Jetzt, wo ich langsam dabei bin, den Alltag wieder in den Griff zu bekommen, das Chaos in der Familie ein wenig nachlässt, kommt das immer deutlicher zum Vorschein. Und ich ahne, dass das noch lange nicht der Höhepunkt des Schmerzes ist! Dass es immer noch weiter geht, die Sehnsucht noch größer wird. Ich dachte auch, nach einem Jahr wird alles besser, leg dich am besten schlafen und wach in einem Jahr wieder auf. Aber das ist nicht so ... Wenn ich denke, wie schnell die letzten fünfeinhalb Monate verflogen sind, dann kann es nach einem Jahr nicht vorbei sein. Aber die Umgebung meint das! Und das macht die Sache nur noch schlimmer, weil man in seiner Umgebung kein Verständnis mehr findet. »Jetzt muss aber mal gut sein«, so denken eben viele. Also verstellt man sich, tut so, als wäre es eben gut, damit sich nicht alle zurückziehen. Aber das hilft auch nicht weiter, weil die Kontakte einen dann nicht mehr befriedigen. Sie bekommen so einen oberflächlichen Charakter.

Dann tut es wieder gut, auf diese Seiten zu schauen und zu spüren, dass es noch nicht vorbei sein muss, dass man seine Trauer auch nach Jahren noch zeigen darf ...

Auf und ab der Gefühle

21. Nov. 2001 @ verwitwet.de

Bei mir war es am 12. November ein Jahr her, seit mein Mann gestorben ist. Es ist ein ständiges Auf und Ab der Gefühle. Mal geht es mir eine Zeitlang gut, habe ich das Gefühl, dass ich das schon alles schaffe. Mal bin ich nur deprimiert, habe zu nichts Lust, kann mich auch zu nichts aufraffen, möchte am liebsten nicht mehr weiterleben, weil ich nicht weiß, wie ich die nächsten Jahre überstehen soll. Ich habe dann ständig den Eindruck, haarscharf an einem Abgrund zu stehen und bin nur damit beschäftigt aufzupassen, dass ich nicht runterfalle. In diesen schlechten Zeiten läuft es dann auch mit den Kindern nicht gut, ich ertrage nichts, bin nur am Schimpfen. Ich bin dann auch meistens schlecht gelaunt und extrem »dünnhäutig«, d. h., ich lege jedes Wort auf die Goldwaage, was natürlich auch meine Umgebung mitkriegt. Und weil die Leute das nicht begreifen können, ziehen sie sich dann in den Momenten eher zurück. Dabei würde ich genau dann Gesellschaft brauchen. Mich selbst darum zu bemühen ist mir aber in solchen »schlechten Zeiten« nicht möglich. So kommt dann immer eins zum anderen.

Seit einigen Wochen bin ich wieder in so einer »depressiven Phase«. Hochzeitstag, erster Todestag, und ich glaube auch die Jahreszeit spielt eine große Rolle. Dass es abends so früh dunkel ist, man nicht eben mal auf die Strasse raus kann zu einem kurzen Plausch mit Nachbarn. Die Einsamkeit und Leere sind tatsächlich sehr groß, auch die Kinder können sie nicht vertreiben.

In der Gegenwart angekommen

06. Sept. 2002 @ verwitwet.de

»In diesen Tagen« war ich mindestens drei Wochen lang vor dem Todestag meines Mannes. Eine schwere, dunkle Zeit, aber wichtig. Ich habe alles noch mal durchlebt, und danach hatte sich was geändert. Ich war in der Gegenwart angekommen und bin dort seither geblieben. Das Tor in die andere Welt hat sich geschlossen.

Mein Mann und der Papa sind ein wenig Vergangenheit geworden, was mich sehr schmerzt. Aber ohne die Ablösung können wir unser Leben und unsere Zukunft nicht sinnvoll gestalten. Leben ist eine gute Alternative.

Schöne Erinnerungen

08. Mai 2004 @ verwitwet.de

Was ist an diesem Tag anders als an den anderen Tagen, an denen einen die Trauer überfällt? Ist die Trauer wirklich auf einen Tag fixiert? Das Schlimmste, die Krankheit, der Unfall und der Tod des lieben Partners sind vorbei, es kann nichts Schlimmeres mehr kommen!

Ich habe zwar noch keinen 1.Todestag hinter mir, mache mir auch keinerlei Gedanken darüber, aber Tage wie Hochzeitstag, Halbjähriges und Geburtstag habe ich auch schon überstanden, und zwar nicht besonders schlimm. Es gab Tage, an denen es (ohne Anlass) weitaus schlimmer war. Ich habe mir für diese Tage immer etwas Besonderes vorgenommen, war nie alleine. Am 39. Geburtstag meiner Frau zum Beispiel war ich den ganzen Tag in einer Therme, habe mir also was Gutes gegönnt. Abends essen. Am Hochzeitstag habe ich mit einem Freund einen schönen Ausflug unternommen. So kann man an diesem Tag etwas für sich tun, aber auch mit dem guten Freund über die Vergangenheit reden. Und komischerweise waren es dann an diesen Tagen schöne Erinnerungen und keine schmerzhaften.

Ich muss aber auch sagen, dass ich kein großer Grabgänger bin. Meine Frau ist in meinem Herzen, und nicht auf dem Friedhof.

Ein wichtiger Tag

19. April 2002 @ verwitwet.de

Mein Sohn hat in wenigen Tagen Jugendweihe, das ist eine Traditionsveranstaltung, die meist nur in den neuen Bundesländern durchgeführt wird. An diesem Tag werden die Kinder in den Kreis der Erwachsenen aufgenommen. Bei uns also ein sehr wichtiger Tag im Leben einer Familie. Und genau davor habe ich Angst. Alle anderen Kinder werden mit Vater und Mutter da sein, und wir sind allein. Tonys Papa ist kurz nach seiner Einschulung tödlich verunglückt, das war vor acht Jahren. Ich hätte nie geglaubt, dass es nach all den Jahren noch so wehtun wird. Ich habe Angst davor, meinem Sohn diesen wichtigen Tag durch meine Traurigkeit zu verderben. Immer muss ich daran denken, wie schön es wäre, wenn mein Mann dabei sein könnte. Das Gefühl der Einsamkeit bricht noch mal mit aller Gewalt durch. Tony und ich sind im Laufe der Jahre zwar ein super Team geworden, wir haben es aber nie geschafft, uns für einen neuen Partner zu öffnen. Wir sagen ständig, dass es uns gut geht. Keiner redet uns rein, und wir können doch machen, was wir wollen. Für mich wird das immer mehr zur Lebenslüge. Ich gehe täglich zwischen acht und zwölf Stunden arbeiten, um uns finanziell über Wasser zu halten. Auch für alles andere bin ich allein verantwortlich, die Last ist manchmal fast unerträglich. Vielleicht kann ich später einmal stolz sagen, ich habe mein Kind auch allein groß bekommen. Wer wird dann noch fragen, wie es mir dabei gegangen ist? Der Preis, den ich dafür bezahle ist hoch, er heißt Einsamkeit.

Rosen zum Valentinstag

15. Feb. 2004 @ verwitwet.de

Als ich gestern nach Hause kam, standen zwei Vasen mit jeweils einer Rose auf unserem Esstisch. Vor jeder Vase lag ein Brief mit einem Bild. Die eine Rose war von meinem Sohn (15 Jahre), und in seinem Brief bedankte er sich dafür, dass ich ihn immer wieder in allem unterstütze und so fest an ihn glaube. Die andere Rose war von meiner Tochter (12 Jahre), und sie schrieb mir in ihrer kindlichen Schrift: Vielen Dank für alles.

Könnt ihr euch vorstellen wie mir zumute war? Im letzen Jahr hatte ich die Rose noch von meinem Mann bekommen. Leider werde ich von ihm nie mehr eine Rose bekommen. Aber ich kann euch wirklich nicht sagen, über welche Rosen ich mich mehr gefreut habe. Trauer und Freude lagen in diesem Augenblick so nah beieinander. Ich bin dankbar für diese beiden Kinder, in denen ein Stück von meinem Mann weiterlebt, auch wenn es unsere Pflegekinder sind und nicht unsere leiblichen. Ich liebe sie über alles.

6 Alltagsbewältigung und geschärfter Blick

Tod und Trauer verändern den Alltag, das Umfeld, die eigene Sicht der Dinge. Wie es bisher war, wird es nicht mehr sein. Wie es sein wird, kann noch niemand wissen. Neue Fragen bedürfen einer Lösung, alte Fragen einer neuen Antwort, so vieles ist zu entscheiden, zu organisieren. Alle Lebensbereiche werden von der neuen Situation berührt und in Mitleidenschaft gezogen. Manches klärt sich schnell, anderes scheint unlösbar.

Mit dem veränderten Blickwinkel entstehen neue Empfindlichkeiten, zum großen Schmerz des Verlustes kommen kleinere Ergänzungsschmerzen, die auch auszuhalten sind. Familie, Freunde, Arbeitsstelle, Urlaub und Ereignisse in der übrigen Welt, überall und täglich findet Auseinandersetzung, Konfrontation statt, wird die veränderte Situation gelebt. Es gibt keine wirkliche Auszeit. Und überall und täglich wird die Auseinandersetzung angenommen, wird der Alltag zunächst – Stunde um Stunde, Tag für Tag – bewältigt und zunehmend gestaltet. Dieses Kapitel handelt vom Alltag der Trauer, von den Anforderungen und Überforderungen, die bestanden werden.

Darf ich noch alles machen

18. Juni 2003 @ verwitwet.de

Nachdem sich gemeinsame Motorradaktivitäten abzeichnen, juckt auch bei mir wieder die »Gashand«. Aber wenn ich weiter denke, taucht immer die Frage auf, ob ich eigentlich solche mit einem erhöhten Risiko behafteten Dinge wie Motorradfahren überhaupt noch machen darf. Oder trage ich heute aufgrund der geänderten Rahmenbedingungen eine so hohe Verantwortung meinen Kindern gegenüber, dass ich alles unterlassen sollte, was gefährlich ist oder auch nur so erscheint?

(Re) Ich bin verpflichtet zu leben, solange ich lebe

18. Juni 2003 @ verwitwet.de

Ist es nicht unsere ganz persönliche Entscheidung, was wir tun oder lassen? Einerseits tragen wir Verantwortung für unsere Kinder, vielleicht tragen wir sie bewusster oder intensiver als andere, aber mehr? Andererseits tragen wir für uns selbst Verantwortung;

leben wir glücklich und zufrieden, können wir den Kindern geben, was sie brauchen – und nur dann. Sollten wir uns also nicht eher dazu aufraffen, unseren Schatten zu überspringen – und LEBEN.

Wenn jemand ertrinkt, gehe ich trotzdem weiterhin Schwimmen. Wenn jemand im Bett stirbt, lege ich mich abends trotzdem in mein Bett. Wenn jemand am Essen erstickt, esse ich trotzdem. Wenn jemand beim Fensterputzen aus dem Fenster fällt, putze ich trotzdem meine Fenster. Warum sollte ich nicht auch weiterhin Motorrad fahren? Dann dürfte ich doch vieles andere auch nicht mehr tun.

Mir und den meinen kann solch Leid nicht noch mal passieren? Doch, aber ich bin verpflichtet zu leben, solange ich lebe. Wem nützt es, wenn ich nichts mehr unternehme von dem, was mir früher Spaß gemacht hat? Werde ich dann nicht irgendwann unzufrieden? Vielleicht steigere ich mich dann so sehr hinein, dass ich den Tod des Partners für meine Unzufriedenheit verantwortlich mache. Das kann es doch wirklich nicht sein.

Ob ich die Wahrheit sagen kann

6. Feb. 2002 @ verwitwet.de

Mein Mann ist vor zwei Monaten gestorben. Auch ich frage mich manchmal, wenn ich Leute zum wiederholten Mal treffe, die mich fragen »Hey, wie geht's?«, ob ich die Wahrheit sagen kann. Können die es überhaupt nachvollziehen? Kann ich sie mit meiner Trauer belasten? – Vielleicht nicht das richtige Wort, aber mir fällt kein anderes ein. Das sind oft Freunde oder Bekannte, die es eigentlich gut mit mir meinen, aber lange nicht wissen, nicht wissen können, wie es in mir aussieht. Als Außenstehende hätte ich selbst wahrscheinlich geglaubt, dass es irgendwann besser wird. Aber das tut es nicht. Nur die Abstände, in denen ich in die Tiefe falle, werden langsam, sehr langsam etwas größer. Je nach Tagesform beantworte ich die Frage ehrlich oder gehe relativ schnell darüber hinweg. Es ist einfach Fakt, dass sich niemand in unsere Situation hinein versetzen kann, aber das ist für diese Menschen, meiner Ansicht nach, auch ganz gut so. Würde man sonst nicht in ständiger Angst vor diesem Schmerz leben? Ich hätte auch niemals geglaubt, dass mich dieser Verlust so wahnsinnig, so unerträglich tief trifft. Erst wenn man in dieser Tragödie steckt, weiß man, was es bedeutet. Der Boden hat sich aufgetan und du bist einfach nicht mehr da.

Für mich bedeutet es aber auch zeitweise ein Stück Normalität, eine Rückkehr in die Welt, wenn ich nicht nur über die Trauer spreche, über das Gefühl, das mich tief drinnen zerreißt, sondern über ganz Alltägliches.

Ehrlich sein tut gut

13. Nov. 2001 @ verwitwet.de

Ich denke, wenn jemand fragt »Wie geht es dir?«, muss er sich darauf gefasst machen, eine ehrliche Antwort zu bekommen, also ruhig auch sagen: »beschissen«. Und dann sieht man ja, wie er damit umgehen kann. Entweder er stellt sich der Situation oder flüchtet aus der Situation oder er fragt ein anderes Mal trotzdem nach oder eben nicht, aber dann kann man ja sehen, wer wie mit einem umgeht. Wobei man mit dem Werten vorsichtig sein muss, denn nicht jeder hat die Kraft sich anzuhören, was man Trauriges zu erzählen hat – aus welchen Gründen auch immer – und mag einen trotzdem gerne. Ich denke auch, ehrlich sein tut in dem Fall wenigstens mir gut, und warum soll ich, die ja die Verletzung hat, auf den anderen aufpassen, dass er sich nichts tut? – Das ist doch absurd.

Die berühmte Frage

17. Okt. 2002 @ verwitwet.de

Ich bin nun seit elf Wochen Witwe, und immer wieder kommt natürlich die berühmte Frage »Wie geht's?« Meist von Menschen, die man nicht gut kennt und eigentlich auch gar nicht nah an sich ran lassen möchte. Es scheint für mich darauf keine wirklich richtige Antwort zu geben, bei der nicht betretenes Schweigen eintritt oder zumindest ein unbehagliches Gefühl auf einer der Seiten. Antworte ich »ganz gut«, dann sieht man mich wie eine Wahnsinnige an, frei nach dem Motto: Der hat es doch nicht GUT zu gehen! Sage ich »im Moment schlecht«, weiß mein Gegenüber anscheinend gar nichts mehr zu sagen, und sage ich »mal gut, mal schlecht«, wirkt mein Gegenüber total verunsichert. Mein Frage ist: Wie finde ich einen Weg, damit umzugehen? Bei der Frage »Wie geht's« fühle ich mich ohnehin schon, als ob mir ein Messer in den Bauch gerammt wird, aber wenn dann nach der Antwort (egal ob ehrlich oder nicht) auch noch dieses betretene Schweigen eintritt, fühle ich mich hilflos. Meistens passiert mir dies in meiner Firma: viele Kollegen, und mehrmals am Tag diese Floskelfrage. Ich weiß, dass die meisten nur Interesse bekunden wollen und es gut meinen – aber trotzdem habe ich Probleme damit umzugehen. Jedes Mal nach so einem Gespräch fühle ich mich ausgesaugt und zittere innerlich.

Bei der Gelegenheit möchte ich noch etwas anderes ansprechen: Ich bin 31 Jahre alt, eigentlich ja noch jung – aber fühle mich manchmal entsetzlich alt. Ich habe mit meinem Mann fast drei Jahre gegen Krebs gekämpft und schlussendlich verloren. Wenn ich auf eine Party oder ähnliches gehe, dann habe ich fast schon Angst, von mir zu erzählen. Es ist schwer in Worte zu fassen: Ich fühle mich dann, als ob ich nicht mithalten könnte. Alle um mich herum sind so unbeschwert, und ich glaube nicht, dass ich das irgendwann noch mal so richtig sein werde. Wenn ich dann doch von mir erzähle, mutiere ich scheinbar zu einer Art Freak (ein schlechtes Wort, aber mir fällt kein besseres ein). Ich merke dann, wie man mich später beobachtet, was ich tue und wie ich mich verhalte. Das nervt und wird mir dann sehr schnell zuviel, sodass ich Scheu davor entwickele, überhaupt rauszugehen.

Eigentlich bin ich sehr allein

9. Mai 2002 @ verwitwet.de

Heute muss ich es einfach mal loswerden, so vieles, zu ungeordnet, aber vielleicht hilft es mir, da ich doch sehr allein bin. Vielleicht ist auch vieles Selbstmitleid, aber heute auch egal.

Eigentlich bin ich sehr allein, kann mich nur ab und zu mit meinem 5jährigen Sohn und meinem Au-Pair unterhalten – aber eben über andere Dinge. Warum fragt eigentlich niemand, wie es mir wirklich geht, warum spricht es keiner an? Die Mitmenschen verhalten sich anders, haben sich zurückgezogen, von manchen habe ich seit der Beerdigung nichts mehr gehört. Ich brauche es so sehr, dass ich etwas sagen kann, aber niemand will es wissen – alle wollen kein Elend sehen und hören. Keiner, auch nicht meine Nachbarn, die meinen Mann tot gefunden haben, sprechen ein Wort mit mir darüber, nur, ob die Kinder gesund sind. Vielleicht ist es auch nur menschlich, und wer will bei so einem Wetter etwas Trauriges hören. Ich kann mich nicht über das Wetter, dieses Frühjahr freuen wie sonst mit meinem Mann zusammen, es wäre besser, es würde November bleiben oder weiterhin regnen, das entspricht meiner Verfassung. Jeder Tag ist für mich ein Berg, der immer neu überwunden werden muss. Über jeden Tag, den ich bewältigt habe, bin ich froh.

Small Talk

05. Nov. 2001 @ verwitwet.de

Mich interessieren die so genannten »normalen« Gespräche auch kaum noch. Wenn die persönliche Welt untergegangen ist, fällt es nicht leicht, sich über Kochrezepte oder Fernsehsendungen zu unterhalten. Bei meinen Kindern gelingt mir das ganz gut, ich höre ihnen zu und setze alles daran, ihnen ihre Normalität zu erhalten. Aber bei anderen Menschen, auch gerade bei den Verwandten, kann ich das nicht aufrechterhalten. Manchmal reagiere ich sogar recht aggressiv auf sie. Obwohl ich diese Reaktion auch nicht gut finde, ordne ich sie unter die Rubrik »für mich normal« ab und brauche mir deswegen auch keine Vorwürfe zu machen. Das kostet zu viel Kraft, die ich zurzeit nicht übrig habe. Beim nächsten Smalltalk bemühe ich mich dann interessiert zu tun. Manchmal gelingt es, manchmal nicht. Auch ich habe nicht den Wunsch, »meine« Leute vor den Kopf zu stoßen und hoffe, dass sie für mein anderes Verhalten Geduld und Verständnis aufbringen. Aber du solltest dich vielleicht bemühen, mit dir selbst nachsichtiger zu sein. Wir alle hier haben etwas Schreckliches erlebt und müssen nicht in das Schema von anderen Menschen hineinpassen.

Unsere Umgebung an die Hand nehmen

14. Dez. 2001 @ verwitwet.de

Ich will mich nicht verkriechen. Deshalb sage ich gleich am Anfang, dass ich nahe am Wasser gebaut habe. Nach meiner Erfahrung ist es für mich dann leichter, weil ich mich nicht zusammenreißen muss. Die anderen können es auch besser aushalten, wenn sie nicht so überrascht werden und nicht wissen, wie sie reagieren sollen. Wir müssen unsere Umgebung wohl an die Hand nehmen und zeigen, was wir uns wünschen, wie sie reagieren sollen.

Schweigen

14. April 2003 @ verwitwet.de

Das Schweigen der Verwandtschaft und von Bekannten kenne ich auch. Der Tod meines Mannes liegt jetzt schon dreieinhalb Jahre zurück, und ich sehe inzwischen einiges mit mehr Abstand. Aus meiner Erfahrung kann ich sagen, dass man sich überwinden muss und von sich aus anfangen muss zu erzählen. Denn jeder, dem du begegnest, hat einfach Angst das Thema Tod anzusprechen. Sie möchten dich nicht unnötig erinnern, sie wissen nicht, was sie dir sagen sollen, sie möchten keine Wunden aufreißen und, und, und.

Mir haben einige Leute später gesagt, dass sie mir dankbar waren, wenn ich über den Unfall und meinen Mann gesprochen habe. Einfach, weil sie dann sicher sein konnten, dass ich in dem Moment darüber sprechen möchte. Ich weiß, es ist nicht leicht den Anfang zu machen, und ich habe auch oft geschwiegen, denn eigentlich wünscht man sich, dass die anderen das Thema aufgreifen. Vielleicht schaffst du es ja und machst einmal den ersten Schritt.

Der Schwiegermutter ausweichen

02. Juli 2002 @ verwitwet.de

Schon als mein Mann im Sterben lag, hat meine Schwiegermutter ständig versucht sich einzumischen. Die Beerdigung hat ihr nicht gepasst, dass ich kein halbes Jahr in schwarz ging, war ihr ebenso ein Dorn im Auge. Ebenso musste ich mir anhören: Du weißt ja nicht, wie es ist, einen Sohn zu verlieren! Darauf habe ich aber nur gesagt: Und du weißt nicht, wie es ist, einen Mann zu verlieren! Und so ging es weiter, das Grab passte ihr nicht, die Pflanzen nicht, der Grabstein nicht. Sie ertrinkt total im Selbstmitleid, und alle müssen darunter leiden, besonders mein Schwiegervater. Ich versuche jeder Begegnung mit meiner Schwiegermutter auszuweichen.

Im Oktober feiern meine Schwiegereltern Goldene Hochzeit. Ich bin jetzt schon am Grübeln, was ich machen soll. Am liebsten würde ich nicht hingehen. Es tut auch so weh, die ganzen Paare zu sehen. Auch habe ich kein besonderes Verhältnis zu der Verwandtschaft. Aber es täte mir Leid um meinen Schwiegervater, denn der ist in Ordnung!

(Re) Angst der Schwiegereltern

03. Juli 2002 @ verwitwet.de

Ich habe das Glück, eine nette Schwiegermutter zu haben! Wir haben schon immer ein recht gutes Verhältnis gehabt, und der Tod meines Mannes hat uns auf irgendeine Art und Weise noch ein wenig mehr zusammengeschweißt. Da sie schon zehn Jahre Witwe war, haben wir ein ähnliches Schicksal. Bezüglich der Formalitäten haben wir zwar hin und wieder unterschiedliche Ansichten gehabt, aber wenn es darauf ankam, waren wir schon einer Meinung. Ich habe beispielsweise meinen Mann – eine Woche vor seinem Unfall – auf dem Friedhof beim Besuch der Grabstätte seines Vaters gefragt, wo er einmal beerdigt sein möchte. Der Friedhof liegt in seiner Heimatstadt und nicht bei uns im Ort. Seine Antwort war: hier. Wir haben ihn dann in der Gruft bei seinem Vater beigesetzt. Ich hätte der Einfachheit halber auch ein Grab in unserem Ort nehmen können, aber es war sein Wunsch, den ich zu respektieren hatte. Das Grab pflegt nun – wie auch schon die zehn Jahre vorher – meine Schwiegermutter. Dies klappt wirklich prima.

Es gibt einige Dinge, über die ich mich im Laufe der Zeit einfach hinweg gesetzt habe, und das respektiert meine Schwiegermutter. Auch ich habe am Anfang hören müssen, es sei schlimmer ein Kind als einen Mann zu verlieren. Da ich – Gott sei Dank – nur eine Situation durchleben musste, kann ich es nicht beurteilen und habe mir meine Bemerkungen verkniffen. Ich denke, dass Schwiegereltern nach dem Tod des Kindes vielleicht einfach Angst haben, den Kontakt zu den Enkelkindern zu verlieren, da die direkte Verbindungsperson nicht mehr da ist und – rein theoretisch – ersetzt werden kann. Ja, sogar neue Großeltern könnte es noch geben. Im Prinzip sind die Großeltern machtlos. Manche leben diese Angst vielleicht mit Trotzreaktionen aus.

Ich habe meiner Schwiegermutter erklärt, sie muss sich keine Sorgen machen. Sie wird immer Kontakt zu ihrem Enkelkind haben können, so oft sie mag und egal, wie mein Leben weiter verlaufen wird.

Alleine in Urlaub

25. Mai 2002 @ verwitwet.de

Alleine in Urlaub! – Dieses Jahr versuche bzw. möchte ich zum ersten Mal nach dem Tod meiner Frau alleine in Urlaub fahren. Meine Kinder kann ich nicht missbrauchen für einen Urlaub mit dem Papa, denn sie gehen schon ihre eigenen Wege.

Ich suche kein Urlaubziel, bei dem ich überwiegend intakte Familien treffe. Als 45-Jähriger suche ich ein Urlaubsziel, das mit Flugzeug, Bus oder Auto erreichbar ist, wo ich als Alleinreisender nicht allzu alleine bin. – Hat einer von euch schon herausgefunden, wo ein solches Urlaubsziel zu finden ist?

Urlaub wie früher

10. März 2003 @ verwitwet.de

Wir (mein Sohn und ich) sind in den zwei Jahren, seit mein Mann gestorben ist, immer mit der befreundeten Familie verreist, mit der wir auch viele Urlaube verbracht haben, als wir noch eine »vollständige Familie« waren. Aber die Situation ist nun völlig anders, fast befremdlich, wir sind eigentlich nur noch ein Anhängsel. Ich würde gerne mal einen Urlaub mit Gleichgesinnten verbringen, wobei man ja nicht ständig nur von der Trauer reden muss.

Vorsorge bei unvorhergesehener Abwesenheit

24. Okt. 2001 @ verwitwet.de

Deine Informationen zu Hilfsangeboten bei unvorhergesehener Abwesenheit sind richtig, und theoretisch steht einem all das zu. In der Praxis – wenn es akut ist – kann es aber auch anders aussehen, wenn nämlich gerade keine vermittelbaren Kräfte für den eigenen Haushalt als Hilfe zur Verfügung stehen. Dann müsste man blitzschnell organisieren und das Glück haben, in Verwandtschaft oder Bekanntschaft jemanden zu haben. Es ist tatsächlich gut, wenn man sich vorher Gedanken über einen möglichen Notfall macht und weiß, wer zusätzlich privat einspringen könnte. Aber dabei muss man dann auch wieder Glück haben, ist nicht so leicht.

Presse

6. Mai 2002 @ verwitwet.de

Mein Mann ist am 14. Juli 2001 bei einer Bergtour in der Schweiz verunglückt. Die Presse war mit der ganzen Geschichte nicht taktvoll. Eine unserer berühmten Zeitungen beschrieb den ganzen Unfall mit Details, die gar nicht der Wahrheit entsprachen. Ich habe die Artikel zu Hause. Sie wollten mich fotografieren, als verzweifelte Witwe, und haben versucht, bei dem Bestattungsinstitut Informationen rauszubekommen. Leider, so ein Unfall heißt Schlagzeilen, vor allem wenn man eine Frau und zwei Kinder hinterlässt.

Wann darf ich trauern?

24. Okt. 2002 @ verwitwet.de

Nun stehe ich da, alleine, mit Gefühlen, die sich ständig überschlagen und denen ich keinen freien Lauf lassen kann, da ich voll berufstätig bin und leider in unserer Arbeitswelt bis heute keine Rücksicht darauf genommen wird, ob man seelisch überhaupt in der Lage ist, seinen Beruf auszuüben. Als allein erziehende Mutter bin ich gezwungen, für unseren Lebensunterhalt zu sorgen. Da ich in einem Büro mit Publikumsverkehr arbeite, und das bis 18.00 Uhr, heißt das, den lieben langen Tag lang durchhalten, nichts anmerken lassen und schlucken! Nach Feierabend weiter schlucken, das Kind soll ja nicht noch mehr leiden, indem es die Mama immer nur weinen sieht. Und wenn meine Tochter dann eingeschlafen ist … tja, dann schlafe ich meist völlig erschöpft und fertig mit mir und der Welt selbst ein. Wo bleibt die Zeit, um zu verarbeiten? Wann darf ICH trauern? Wann darf ICH schreien und wütend sein? Wann darf ICH meinem Schmerz freien Lauf lassen?

Diese Welt ist unfair, nicht nur, dass sie einem das Liebste nimmt, nein, es wird gar noch verlangt, dass man funktioniert, sich nichts anmerken lässt und so weitermacht wie bisher! – Wo soll das nur enden?

Ein Jahr für mich und meine Tochter

4. März 2002 @ verwitwet.de

Nachdem vor gut eineinhalb Jahren mein Freund starb, war ich erst einmal sechs Wochen krank. Schon während dieser Zeit habe ich beschlossen meinen Job aufzugeben, da ich nicht einfach so weitermachen wollte wie bisher. Meine Tochter war gerade eingeschult worden, und da mein Freund sich nach der Schule um sie gekümmert hatte, bis ich nach Hause kam, klappte das mit der Betreuung auch nicht mehr. Da also meine Dreiviertelstelle nicht mehr mit der fehlenden Betreuung meiner Tochter vereinbar war, konnte ich kündigen und habe trotzdem sofort Arbeitslosenunterstützung bekommen, ohne die dreimonatige Sperrung. Vielleicht gibt es auch für Euch eine Möglichkeit, so nicht in weitere finanzielle Schwierigkeiten zu kommen. Nachdem ich dann in die Nähe meiner Familie gezogen bin und mir ein Jahr nur für mich und meine Tochter gegönnt habe, bin ich jetzt körperlich und seelisch wieder fit, stecke gerade in einer Weiterbildungsmaßnahme und suche mir demnächst wieder einen Halbtagsjob. Ich habe diesen Schritt nie bereut, obwohl er sicher nicht besonders karrierefördernd war. – Es ist keine Kapitulation, wenn man sich erst einmal Ruhe gönnen möchte und dafür sorgen möchte, dass man gesund bleibt.

Seine Kraft erhalten

26. Feb. 2002 @ verwitwet.de

Gerade in unserer Situation sind andere Dinge erst einmal viel wichtiger als zu arbeiten oder an einer Karriere zu basteln. Trauern ist harte Arbeit. Und dann noch für ein Kind da sein zu müssen ist noch härter! Ich habe es ähnlich gemacht, habe erst einmal gar nicht gearbeitet, und dann vorsichtig stundenweise angefangen. Und als ich zu viel arbeitete, musste ich feststellen, dass das nicht ging, nicht für mich und nicht für mein Kind, und nun arbeite ich wieder weniger. Es geht ja auch darum, seine Kraft zu erhalten und die eigene Gesundheit zu pflegen, um weiter für die Kinder da sein zu können. Und wenn es finanziell möglich ist, ist es eine reife Entscheidung, in sich hineinzuhören und herauszufinden, ob und wie viel Arbeit einem selbst und der Restfamilie gut tut.

Solidarität

29. März 2003 @ verwitwet.de

Mich bewegt, wider Erwarten, der Krieg im Irak sehr, weit mehr, als mich früher Kriege, wie der erste Golfkrieg, beschäftigt haben. Dort werden auf beiden Seiten in hoher, für mich unvorstellbarer Anzahl, Menschen wie wir »produziert« (ein anderes Wort fällt mir nicht ein). Viele verlieren einen Menschen, den sie lieben, der Teil ihrer Zukunft war, er oder sie wird weggerissen – und viele erleben dieses Schicksal in einer Situation, die mit unserer unvergleichbar ist.

Wenn ich mir vor Augen halte, wie wichtig die gemeinsame Gestaltung der Beisetzung, der Gang zum Friedhof, die gemeinsame Wohnung und die wie ein Schatz gehüteten, von ihm getragenen T-Shirts, aber auch die homepage, der chat, Kontakt, Freunde und all das sind, und mir dann vorstelle, ich würde den gleichen Tod aushalten müssen, während mein eigenes Leben in Gefahr ist, ich zusätzlich noch meine Heimat und jede Vorstellung von Zukunft bedroht sehe, das Wenige, was ich besitze, wahrscheinlich aufgeben muss, oder es ohnehin schon zerstört ist – dann übersteigt das meine Vorstellungskraft, und ich weiß, natürlich ist ein solcher Krieg mein Thema und unser Thema, weil wir eben um all diese Dinge leider wissen.

Der Sinn einer Demonstration misst sich für mich nicht an der Erfolgsfrage, es gibt doch auch so was wie Solidarität. Und wenn ihr alle das naiv findet, für mich bleibt es von Bedeutung, ob die Menschen ein solches Gemetzel unkommentiert zur Kenntnis nehmen, weil sie es doch nicht ändern werden, oder ob sie zumindest zum Ausdruck bringen, dass sie es falsch, traurig, bestürzend finden. Mit der gleichen Haltung bräuchte niemand mir sein oder ihr Mitgefühl zum Tod meines Mannes ausdrücken, denn ändern kann es doch niemand – und dennoch ist es so wertvoll und wichtig für mich zu spüren, dass er und ich anderen nicht gleichgültig sind.

Ich werde wieder zum Menschen

19. Feb. 2002 @ verwitwet.de

Als die Geschichte damals im September in Amerika passierte, da war ich innerlich selbst so tot, zwei Monate nach dem Tod meines Mannes, dass es mich zwar erschütterte, aber nicht wirklich berührte. Ich war erschrocken über meine Gefühllosigkeit! Aber es sterben – zumindest für eine Zeitlang – halt nun mal ALLE Gefühle. Damals sagten mir sogar Freunde: »Wie viele Kinder da jetzt zu Halbwaisen oder Waisen geworden sind« – es hat mich nicht wirklich interessiert, es zählte für mich nur, dass MEINE Kinder Halbwaisen sein müssen.

Als ich heute Morgen (noch vor dem Attentat) die Zeitung aufschlug, las ich von der Beerdigung der kleinen Vanessa und von zwei Polizisten in München, die sich am gleichen Tag, unabhängig voneinander, mit der Dienstwaffe erschossen haben. Sie hinterlassen auch jeweils eine Frau und zwei Kinder. Da musste ich plötzlich weinen. Mir taten die Frauen und Kinder der Männer so Leid (weil man ja jetzt weiß, was sie durchmachen werden), mir taten die Eltern dieser kleinen Vanessa so unendlich Leid (was sie durchmachen, kann ich nicht einmal erahnen!). Aber da wusste ich: Ich lebe wieder. Sie sind wieder da, meine Gefühle. Ich werde wieder zum Menschen, bin kein Zombie mehr. Und genau wie die Gefühle kehren auch die anderen Dinge langsam wieder zurück. Oft habe ich nach dem Unfall gedacht, warum uns dieser Baum nicht hat alle erschlagen können, dann wäre uns das Leid erspart geblieben. Das denke ich heute nicht mehr. Das Leben meines Mannes ist vorbei – meines und das meiner Kinder nicht! Und ich habe die einzigartige Chance, mit meiner neuen Sichtweise jetzt ein intensiveres Leben zu führen. Mich nicht über Kleinigkeiten aufzuregen, Sachen einfach mal liegen zu lassen, um mich mit den Kindern zu beschäftigen und andere Menschen nicht mehr so leichtfertig einzuordnen, ihre Sichtweise zu akzeptieren, ihr Anderssein zu akzeptieren.

7 Leben nach dem Tod?

In einer EMNID-Umfrage stimmte jeder zweite Deutsche der Aussage zu: *Mit dem Tod ist alles aus.* Dagegen meinten 43 Prozent der Befragten: *Es gibt ein Leben nach dem Tod.* Relativ breite Zustimmung (fast 53 %) gab es für die Aussage: *Ich glaube, dass meine Seele in irgendeiner Form weiterlebt.*

Der christliche Glaube an die Auferstehung der Toten wird nur noch von 29 Prozent der Deutschen geteilt (West 34 %, Ost 12 %), 26 Prozent stimmten einer Aussage zu, die man eher mit fernöstlichen Religionen verbindet: *Ich glaube, dass es eine Seelenwanderung (Reinkarnation) gibt.* (Was glauben die Deutschen? Emnid Mai 1997)

Anders als bei einer Meinungsumfrage konfrontiert der Tod des Lebenspartners die Hinterbliebenen ganz persönlich, direkt und unausweichlich mit der Frage nach einem Weiterleben nach dem Tod. – *Wo ist sie jetzt? Geht es ihr gut? Werden wir uns einmal wiedersehen? Kann und darf ich Kontakt zu ihm aufnehmen, kann ich ein Zeichen von ihm bekommen, in einem Traum vielleicht oder auf anderem Weg?* – Das sind Fragen, die Trauernde intensiv beschäftigen, auf die sie Antworten finden möchten. Trauernde werden so zu Grenzgängern, bewegen sich auf einer für sie gar nicht mehr so undurchlässig scheinenden Grenze zwischen dem Hier und Jetzt und dem, was wir als Jenseits (als Himmel, als Rückkehr zum Ursprung, zum Urgrund des Seins …) zu begreifen, zu deuten, zu glauben versuchen.

So können trauernde Menschen manchmal erfahren, dass der Einbruch des Todes sie in eine vertiefte, vielleicht sogar gänzlich neue Form von Religiosität und Spiritualität geführt hat oder führen kann. Manche von ihnen haben das Gefühl, dass diese neu gewonnene Dimension ein Geschenk des Verstorbenen an sie ist.

Sie ist unsterblich – in mir

6. Mai 2004 @ verwitwet.de

Wie kann die Verbindung zum Verstorbenen sich entwickeln? – Es sind ja keine Berührungen mehr, keine Worte, keine Gesten. Die Beziehung hat sich auf die geistige Ebene verlagert.

Am Anfang der Beziehung war alles ungewöhnlich, aufregend. Jeder noch so kleine Aspekt der Gemeinsamkeit musste erlebt, erstritten, erliebt werden. Nach ihrem Tod ist es eine Art abstrakte

Verbindung geworden. Der tägliche Kleinkampf, der Ärger mit der Werkstatt, die Erlebnisse im Job, die krumpelig ausgedrückte Zahnpastatube, sie haben keine Bedeutung mehr für meine Beziehung zu ihr. Bedeutung hat die Erinnerung. Die gemeinsamen Werte, zusammen erkämpft in Abertausenden gemeinsamer Stunden, das Wissen um die Philosophie des Menschen, der mich durch mein Leben begleitete, die sind geblieben und werden bleiben. Genauso, wie das in der Kinderzeit Erlernte nie wirklich verloren geht, genauso bleibt die eingebrannte Verbindung zu meiner Frau in mir. Ich habe begonnen, sie als geistiges Wesen zu lieben, nicht mehr nur den Menschen aus Fleisch und Blut, den ich berühren konnte. Es ist mir mittlerweile ein Trost geworden: Der Mensch ist ein Wesen, dessen »Wesen« sich hauptsächlich in geistiger Ebene abspielt, gewürzt mit der körperlichen Nähe. Dieses Wesen ist noch da. Die Verbindung zu ihren Gedanken, Vorstellungen und Idealen. Ist es nicht das, was den Menschen im Kern ausmacht, ausmachen sollte? Der Mensch ist eben mehr als ein Säugetier der Gattung homo sapiens. In diesem Sinn ist meine Frau unsterblich – in mir!

Schnell wird man für verrückt erklärt

29. Okt. 2001 @ verwitwet.de

Ich frage mich, ob es da etwas gibt, ob ER noch irgendwo ist? Manchmal habe auch ich das Gefühl, dass ich nicht allein bin. Ich rede nicht viel darüber, schnell wird man für verrückt erklärt. Auf der anderen Seite habe ich von vielen Menschen gehört, dass sie an solche Dinge glauben. Manchmal denke ich, ich bilde mir das nur ein, rede mir was ein, wie ich es gerne hätte. Dann frag ich mich aber, wenn es nichts gäbe, warum sind wir hier, warum haben wir diese Gedanken und Fragen nach dem Danach?

Ich habe mal ein Buch über Engel gelesen. Die Autorin ist überzeugt, dass die Seelen da sind. Sie fragt auch, warum die kleinen Kinder, die noch viel empfindsamer sind, unsichtbare Freunde haben. Auch unsere Kleine hat unsichtbare Freunde, oder ist ER es? Sie sagt solche Dinge wie (wenn ich z. B. die Tür zumachen will): »Warte, der Papa kommt auch noch, so, jetzt ist er da ...« Ich könnte noch vieles zitieren. Manchmal ist es mir richtig komisch, was sie sagt. Oder letzte Nacht, als ich im Chat war, knurrte unser Hund auf einmal. Nicht irgendwo hin, sondern auf das leere (?) Sofa, dabei bin ich doch allein. So allein, wie man nur allein sein kann.

(Re) Schau mal, da ist der Papi!

30. Okt. 2001 @ verwitwet.de

Mein Mann ist am Karfreitag gestorben. Als wir Ostersamstagnacht in die Kirche gingen, sagte mir irgendwann mein Sohn: Schau mal, Mami, da ist der Papi, da oben auf der Empore!

Ich bin fest davon überzeugt, dass mein Sohn, damals neun Jahre alt, meinen Mann da gesehen hat. Ich habe noch einige seltsame Erlebnisse gehabt, habe sie aber nur ganz wenigen Leuten erzählt, viele würden einen für verrückt halten oder meinen, man kann sich vieles einbilden, weil man denjenigen einfach nicht loslassen kann.

Man kann andere nicht bekehren

8. Jan. 2002 @ verwitwet.de

Letztendlich ist es jedem selbst überlassen, was er glaubt und was nicht. Wenn man aber sensibel genug ist, bestimmte Dinge so zu beurteilen, wie sie sind, und nicht krampfhaft versucht, sie irgendwie rational zu erklären, dann hören die Zweifel über das Leben nach dem Tod auf.

Ich konnte meinen verstorbenen Mann bereits mehrmals spüren: als ich allein war, aber auch, als andere dabei waren.

Ich stelle mir das so vor: Jeder Mensch besitzt ein Energiefeld (physikalisch messbar), das man als langjähriger Partner tagtäglich gespürt hat ohne es bewusst wahrzunehmen (im Gegensatz zu Gerüchen usw.). Wenn derjenige gestorben ist, bleibt diese Energie erhalten. Lernten wir nicht in der Schule schon, dass Energie niemals verloren geht, die Summe der Energien immer gleich bleibt? – Spüren wir dann diese Energie, »erinnert« sich unser Unterbewusstsein sofort an das, was wir zu seinen Lebzeiten auch um uns gespürt, jedoch nicht bewusst wahrgenommen haben.

Aber ich habe aufgehört, meine Erfahrungen anderen Menschen mitzuteilen. Man kann die anderen nicht »bekehren«, früher hätte ich das wohl auch nicht geglaubt. Und bevor ich dauernd diese »Naja, wenn's ihr hilft«-Blicke ernte, spreche ich lieber nicht mehr davon.

Kontakte über ein Medium?

28. Aug. 2004 @ verwitwet.de

So langsam frage ich mich, was soll diese ganze Diskussion? Um Gottes Willen, ich möchte niemandem auf den Fuß treten, aber wir wissen doch nichts. Wir glauben, und über Glauben lässt es sich doch kaum diskutieren. Man kann nicht wissenschaftlich belegen, was jenseits unserer Vorstellung liegt.

Dass meine Frau tot ist, ist Fakt, dass sie zu Gott gegangen ist, glaube ich, dass sie mir im Traum hin und wieder begegnet, glaube ich. – Aber wissen, wissen tu ich nix.

Himmel gucken

9. Jan. 2002 @ verwitwet.de

Ich möchte davon berichten, was mein Mann, ich und unsere Familie in den Tagen vor dem Tod meines Mannes erleben durften. Er ist mit 44 Jahren an einem Glioblastom (bösartiger Hirntumor) gestorben. Er wurde innerhalb von zwei Tagen zum Vollpflegefall und war zwei Wochen lang bei uns zu Hause, mit gut behandelbaren und somit nicht vorhandenen Schmerzen, bevor er starb. In diesen Tagen hat er so viel »Besuch« erhalten, und nicht nur von Verwandten und Freunden, dass es kaum zu beschreiben ist. Er hat sich in zwei Welten aufgehalten: völlig klar und orientiert in unserer und dann wieder dort, wo er erwartet wurde. Er hat ständig jemanden begrüßt, mit ausgestreckter Hand und vor Freude strahlendem Gesicht. Er hat zu für mich nicht Sichtbaren gesagt: »Bist du auch da?« oder auch mal »Was machst du denn da?«, er hat seinen Becher versucht anzubieten oder einen Stuhl (weil die ja was zu trinken wollen oder sich hinsetzen wollen). Er hat Richtung Decke geschaut und mit großem Staunen in der Stimme gesagt: »Schau doch nur, schau nur, wie hoch das ist! Und soo schön!« Und als ich fragte, ob er »Himmel gucken ist«, hat er das bejaht. Und all diese Dinge habe nicht nur ich gesehen, auch unsere Söhne (16 und 14) und meine Eltern durften das miterleben. Ich fragte ihn auch aus nach Namen von verstorbenen Angehörigen, die mir einfielen (er selbst konnte oft nicht mehr so gut sprechen, weil der Tumor im Sprachzentrum saß), und es waren alle da, und er war erstaunt, wie ich so dumm fragen könnte, als ob es selbstverständlich sei, dass sie ihn alle abholen und begleiten werden. – Ich hatte oft das Gefühl, das Zimmer müsste eigentlich überfüllt sein, wenn alle aus Fleisch und Blut da wären. Er hatte überhaupt keine Angst und sagte sogar, er freue sich, weil es dort so schön sei und weil die »Besucher« so schön sind.

Am Tag bevor er starb, hat er immer wieder von Wesen geredet, die da seien und die er nicht kenne, aber sie seien so schön. Ich fragte ihn, ob es Engel seien und er sagte: »Ich glaube schon.«

Er hat im Schlaf ganz einfach aufgehört zu atmen und war erlöst, hatte das friedlichste und überirdisch schönste Gesicht, das man sich nur vorstellen kann. Er hat diesen Gesichtsausdruck behalten und viele, die kamen und sich von ihm verabschiedeten, konnten sehen, dass es ihm im Sterben gut gegangen ist und haben mir das gesagt. Für uns war es eine unbeschreiblich intensive und bei all dem Traurigen und Schrecklichen eine tröstliche, Kraft gebende Erfahrung, von der ich immer noch zehre. Er ist noch so intensiv bei uns, weil wir überzeugt sind, dass er in anderer Form da ist und wieder ganz und heil ist. Er hat uns in seinem Sterben noch ein ganz großes Geschenk gemacht, hat uns die Gewissheit erleben lassen, dass es ganz bestimmt weiter geht und wir keine Angst vor dem Tod haben müssen.

Brücke ins Jenseits

22. Juni 2003 @ verwitwet.de

Wir kennen die Trauer, den Schmerz, die Fragen nach dem Warum. Wer befasst sich mit der Frage nach dem Sinn all dessen? – Wenn der Körper vergeht, was geschieht mit Geist und Seele? Wenn nahe stehende Angehörige sterben, machen viele Menschen Erfahrungen, die mit dem Verstand nicht zu erklären sind. Durch den Tod kommen wir alle in Kontakt mit der Frage nach dem Sinn des Lebens und ob wir nur ein Spielball des Schicksals sind.

Alle, die einen lieben Verstorbenen kennen, haben durch diese Verbindung auch einen Kontakt zum Jenseits. Einige spüren das, andere fürchten es und manche zweifeln an ihrer Vernunft.

(Re) Die Geburt der Zwillingsbrüder

22. Juni 2003 @ verwitwet.de

Zu diesem Thema passt die folgende Geschichte, die ich einfach gut finde. *Nach der Geburt:*

Es geschah, dass in einem Schoß Zwillingsbrüder empfangen wurden. Die Wochen vergingen, und die Knaben wuchsen heran. In dem Maß, wie ihr Bewusstsein wuchs, stieg ihre Freude. Sag, ist es nicht großartig, dass wir empfangen wurden? Ist es nicht wunderbar zu leben?

Die Zwillinge begannen ihre Welt zu entdecken. Als sie die Schnur fanden, die sie mit ihrer Mutter verband und ihnen die Nahrung gab, sangen sie vor Freude. Sie liebten ihr Leben und genossen jeden Tag. Als aber die Wochen vergingen und zu Monaten wurden, merkten sie plötzlich, wie sehr sie sich verändert hatten. Sie gediehen prächtig und wuchsen heran. Allmählich wurde der gemeinsame Platz enger.

Was bedeutet das? fragte der eine. Das heißt, sagte der andere, dass unser Aufenthalt in dieser Welt bald seinem Ende zugeht. – Aber ich will nicht gehen, sagte der eine, ich möchte für immer hier bleiben. – Wir haben keine Wahl, entgegnete der andere, aber vielleicht gibt es ja ein Leben nach der Geburt! Wie könnte das sein? fragte der erste, wie sollten wir ohne unsere Lebensschnur leben können? Und außerdem haben andere vor uns diesen Schoß hier verlassen und niemand von ihnen ist zurückgekommen. – Nein, die Geburt ist das Ende!

So fiel der eine von ihnen in tiefen Kummer und sagte: Wenn die Empfängnis mit der Geburt endet, welchen Sinn hat dann das Leben im Schoß? Es ist sinnlos! Womöglich gibt es gar keine Mutter hinter allem! – Aber sie muss existieren, protestierte der andere. Wie sollen wir sonst hierher gekommen sein? Und wie könnten wir am Leben bleiben? Hast du je die Mutter gesehen? fragte der eine. Womöglich lebt sie nur in unserer Vorstellung.

Und so waren die letzten Tage im Schoß der Mutter gefüllt mit vielen Fragen und mit großer Angst. Schließlich kam der Tag der Geburt. Als die Zwillinge ihre Welt verlassen mussten, war die Angst nahezu unerträglich groß. Als sie sehr schmerzhaft durch den engen Kanal gepresst wurden und plötzlich draußen waren, schrien sie. Sie öffneten die Augen – und was sie sahen, übertraf ihre kühnsten Vorstellungen …

(Re) Botschaften und Klarträume

24. Juni 2003 @ verwitwet.de

Ich glaube, dass es nach dem irdischen Leben für die Seelen weiter geht. Ich hatte verschiedene Träume, so genannte Klarträume, in denen mein Mann mir Botschaften geschickt hat, die mir allesamt in der Trauerbewältigung weiter geholfen haben. So überrascht wie ich darüber war, so dankbar war ich auch dafür. Hatte mich nie intensiver mit dem Jenseitsthema beschäftigt, war aber immer offen dafür.

So um den zweiten Todestag herum hatte ich wieder einen dieser Klarträume, und für mich ging ganz klar als Botschaft daraus hervor, dass er sich jetzt endgültig von mir verabschiedet hat. War noch mal sehr schmerzlich, und doch bleibt die Dankbarkeit, dass er mich über zwei Jahre nach seinem Tod noch begleitet hat.

Begegnung mit anderen Welten

5. April 2004 @ verwitwet.de

Ich kann mich ohne Vorbehalte weder dem traditionell verstandenen christlichen Glauben an die »leibliche Auferstehung Jesu Christi« anschließen noch dem Glauben an ein Leben nach dem Tod, der für gläubige Christen ja auch die Hoffnung auf ein Wiedersehen mit den Verstorbenen (im Himmel/bei Gott …) einschließt. Ich spüre aber seit dem Tod meiner Frau, nicht von Anfang an, erst im Verlauf des Trauerprozesses, eine neue Art von Verbundenheit mit ihr. Sie – ihr Wesen, ihre Seele – begleitet mich, und ich glaube fest daran, dass es ihr gut geht, auch wenn ich nicht wissen kann, wie und wo genau sie jetzt »ist«.

Wir haben während der zwei Jahre ihrer Erkrankung, auch als wir schon wussten, dass sie bald sterben wird, kaum einmal darüber gesprochen, wie wir uns das vorstellen, was danach kommt. Meine Frau war nie im christlichen Sinne gläubig gewesen; auch für unsere Kinder war das Nachdenken über »das Leben danach« bis heute nie ein Thema, über das zu sprechen ihnen ein besonderes Bedürfnis gewesen wäre. Heute beschäftige ich mich wieder mehr mit dieser Frage, kann eher nachvollziehen, dass der Glaube eine große Hilfe gerade auch in der Zeit der Trauer sein kann, kann heute etwas damit anfangen (das hätte ich früher völlig absurd und abwegig gefunden), wenn man von einem Verstorbenen als einem Engel spricht, der uns begleitet.

(Re) Plötzlich war es ernst

5. April 2004 @ verwitwet.de

Bei mir ist es genau umgekehrt: Ich war immer relativ überzeugt davon, dass es mehr gibt als nur das, was wir sehen. Habe mich auf verschiedene Weise mit Kontakten zu »anderen Welten« beschäftigt und sie praktiziert, ohne dass ich das Gefühl hatte, es wäre etwas Spektakuläres.

Seit dem Tod meines Bruders habe ich mich davon abgewandt. Zum einen, weil die spirituellen Erfahrungen, die ich gemacht habe, mich erschreckt haben – plötzlich war es ernst. Und größer als mein Geist erfassen konnte. Andererseits tröstete mich mein lange Zeit so selbstverständliches Wissen über ein Leben nach dem Tod (noch) nicht. Das hat sicher etwas mit dem Annehmen des Todes zu tun und damit, dass ich mich in einer anderen Welt auch »verirren« könnte.

(Re) Ein Wissen tief im Herzen

6. April 2004 @ verwitwet.de

Nach dem Tod meines Mannes hatte ich monatelang das Gefühl, dass er mit mir und unserem Hund einen Teil unserer Runde mit geht, er ging immer rechts von mir, und ich hab ihm auf diesen Spaziergängen alles Mögliche erzählen können.

Letztes Jahr im Frühjahr passierte noch etwas Unglaubliches. Eine Tante von ihm war gestorben; in der Aussegnungshalle stellte ich mich etwas abseits an eine Mauer, da zu wenig Stühle da waren. Während wir auf den Pfarrer warteten, musste ich daran denken, wie mein Mann damals in den Tagen vor seinem Tod »Besuch« hatte und wir überzeugt davon waren, dass er »abgeholt« wird und dachte mir, eigentlich müsste er ja jetzt auch da sein, um die Tante zu begleiten. Und ich hatte noch nicht zu Ende gedacht, da stand er plötzlich leicht rechts hinter mir, hat mich von hinten umarmt, sodass ich mich an ihn anlehnen konnte. Es war ganz warm um ihn, und er hat mir versichert, dass es ihm gut gehe. Diese Begegnung dauerte während des ganzen Gottesdienstes an, von dem ich nichts mitbekommen habe, mir liefen die Tränen über die Wangen (tun es übrigens jetzt auch), aber es war die reine Freude über dieses intensive Erlebnis. Er ging dann noch mit bis zur Grabstelle, und als der Sarg abgesenkt wurde, verabschiedete er sich. Seither habe ich ihn nie wieder so gespürt, aber dieses Wissen, dass er mir in seinem Sterben und an diesem Tag vermittelt hat, bewahre ich tief im Herzen und ich weiß, dass er mich mal genauso abholen wird, wenn es Zeit ist. Bis dahin lebe ich viel bewusster als jemals zuvor und bin unendlich dankbar, was ich durch ihn auf dieser Ebene erleben durfte. Manchmal denke ich, vielleicht war das der Sinn seines frühen Todes – uns zu zeigen, dass es dann wirklich weitergeht und dass es unseren Verstorbenen, wo immer sie sind, gut geht. Mein jüngerer Sohn, damals 14, sagte in den Tagen vor Hans Tod: »Wenn ich sehe, wie der Papa sich freut, bin ich gar nicht mehr *so* traurig.«

Träume

17. April 2002 @ verwitwet.de

Ich kann mich noch gut an meinen ersten Traum erinnern: Er war todkrank, wir wussten es, und wir konnten uns voneinander verabschieden. Das war uns nämlich real nicht vergönnt: Mein Mann starb an einem Sekundentod in der Nacht, ich wachte erst von seinen letzten Atemzügen auf. – Deswegen war ich gar nicht traurig nach diesem Traum, weil ich die Verabschiedung nachholen konnte.

Ich träume auch immer wieder, dass er krank ist und wir mit seinem Tod rechnen müssen und bin beim Aufwachen geradezu erleichtert, dass ich diese schlimme Zeit schon hinter mir habe. – Ich glaube, die Träume helfen uns bei unserer Trauerarbeit!

(Re) Ich musste vor Freude weinen

18. April 2002 @ verwitwet.de

Ich habe genau zwei Mal von meiner verstorbenen Frau geträumt und hatte auch das Gefühl, als wäre es real. Beim ersten Mal war die Situation sogar irgendwie lustig, beim zweiten Mal sah ich sie mit so einem bezaubernden Lächeln vor mir stehen, dass sich mein Herz erwärmte und ich vor Freude weinen musste.

Diese Träume haben mir das Gefühl gegeben, dass es ihr dort, wo immer sie auch ist, sehr gut geht – und das wollte sie mir zeigen.

(Re) Dieser Traum macht mich fertig

21. April 2002 @ verwitwet.de

Ich habe das erste Mal in der Nacht nach der Trauerfeier meines Mannes von ihm geträumt. Ich war im Krankenhaus, wo er gestorben ist. Er kam mir auf dem Flur entgegen. Wie früher, groß, kräftig und gut drauf. Ich habe ihm erklärt, dass die Trauerfeier schon vorbei ist, und er hat mir erklärt, dass die ganze Sache mit der Krankheit ein Fehler der Ärzte war. Sie hätten ihm falsche Medikamente gegeben. Auch heute, sieben Monate später, macht mich dieser Traum noch fertig. Ich denke, unsere Träume spiegeln unsere Wünsche wieder. Aus diesem Grund bete ich jeden Abend darum, nicht mehr von ihm zu träumen. Denn meine Wünsche werden sich niemals erfüllen. Deshalb machen mich Träume von meinem Mann einfach nur traurig. Mich kann dann tagelang nichts mehr trösten.

Träumen – und das Leben leben

28. März 2004 @ verwitwet.de

Ich wünsche mir oft nichts sehnlicher als von meinem Mann zu träumen. Doch frage ich mich, ob ich dieses Leben überhaupt versuchen würde ohne ihn zu leben, wenn ich ihm oft im Traum begegnen könnte. Vielleicht würde ich dann den Traum leben und den Weg zurück ins Leben gar nicht mehr suchen …

(Re) Mein Liebster …

29. März 2004 @ verwitwet.de

… letzte Nacht habe ich von dir geträumt, das erste Mal überhaupt. Wir waren am Strand, du behindert, wie du jetzt bist. Wir gingen Hand in Hand, du hast nicht gesprochen, aber gelacht, du bist vom Strand einen wunderschönen Berg hochgeklettert zu einem traumhaften Haus und hast mich dahin mitgenommen. Du hast mich angelacht mit deinen großen

Augen. Dann gingst du in das Haus – ich blieb zurück. Du hast gelächelt – und ich auch. Dir geht es gut – und mir auch.

Mir hat dieser Traum geholfen. Ich weiß jetzt, dass es ihm gut geht, da, wo er ist, dass ich ihn loslassen darf und auch irgendwann loslassen kann. Das ändert nichts an meiner Liebe zu ihm, aber ich habe erkannt, dass ich mein Leben leben darf.

Wenn ich doch richtig glauben könnte!

16. Nov. 2001 @ verwitwet.de

Heute lief im Fernsehen ein Interview mit Verwitweten, wie die das alles verkraften konnten. Denen hat ihr Glaube total geholfen – wenn ich den doch auch hätte! Dann wüsste ich ganz genau, dass es Wolle jetzt gut geht, dann könnte ich daran glauben, dass irgendwie doch alles einen Sinn haben könnte, dass auch mein Leben irgendwann wieder sinnvoll wird. Dann würde ich meinen Frieden wieder finden!

8 Den Schmerz von der Seele schreiben

Als ich vor sieben Jahren meinen Mann durch eine Krebserkrankung verlor – wir hatten damals gerade unsere zweite Tochter bekommen – hat es mir sehr geholfen, mir den unbändigen Schmerz von der Seele zu schreiben, wenn ich nicht darüber reden konnte oder wollte.

Die nachfolgenden Texte (verfasst von neun Frauen und drei Männern der Community) spiegeln das wieder, was Betroffene oft empfinden: Trauer und Schmerz, Angst, eine nicht mehr zu erfüllende Sehnsucht, Einsamkeit trotz vieler Menschen um sie herum, Verzweiflung, Orientierungs- und Ziellosigkeit, eine langsam wieder aufkeimende Hoffnung und, irgendwann, eine Rückkehr ins Leben zu einem neuen Anfang, vielleicht sogar zu einer neuen Liebe.

Der Umgang mit diesen Gefühlen kann sehr unterschiedlich ausfallen, je nach der eigenen Prägung durch Erziehung, Erfahrungen, Erlebnisse.

Die Reihenfolge und die Gruppierung der ausgewählten Texte (Sehnsucht; Einsamkeit und Verzweiflung; Zwischen Leiden und Hoffnung; Auf neuem Weg) sollen Mut machen und aufzeigen, dass nach dem schweren Weg durch die Trauer wieder ein Vertrauen ins Leben entstehen und wachsen kann.

(Janine Medler-Graeber)

Sehnsucht

Du

Du warst der Fixstern in meinem Leben,
hast stets bestimmt, wohin die Reise geht.
Du hast die Koordinaten gewusst
und mir den Weg geebnet.
Du warst der ruhende Fels,
wenn die Welle über die Kaimauer schlug.
Du warst der glimmende Span,
wenn rundum die Feuer erloschen.
Du warst der Analytiker,
der mich sanft von der rosa Wolke hob.
Du warst einfach immer da.

So viele Tage,
so viele Nächte,
so viele Jahre,
so viele Sorgen,
so viel Glück.

Meine Gedanken wollen zu Dir

Oft, wenn ich an dich denke,
wünsche ich mir,
dass wenigstens meine Träume
auf den Weg zu dir gingen
und dich so berühren könnten,
wie ich dich gerne berühren möchte.

Dass dann die Zeit
einen Moment rückwärts läuft
und wir uns in Gedanken
umarmen können
für eine kurze Ewigkeit.

Sehnsucht

Dich küssen, ohne dich zu berühren;
dir etwas sagen, ohne dass du es hörst.
Dich umarmen, auch wenn du nicht da bist.
Dich vermissen, obwohl du in meinem Herzen bist.

Dich lieben, auch wenn ich dich verloren habe.
Dich hören, obwohl du nicht zu mir sprichst.
Dich sehen, auch wenn du nicht mehr lebst,
auf dich warten, bis wir wieder vereint sind.

DAS IST SEHNSUCHT

Wo bist Du?

In den Räumen noch ein Hauch von deinem Duft,
auf meiner Haut noch das Gefühl deiner Zärtlichkeit,
in der Luft noch der Klang deiner Stimme.

Und doch ist alles, was mir bleibt,
meine Sehnsucht nach dir.
Ist alles nur noch Erinnerung.

Ich suche dich an vertrauten Orten,
ich finde dich nicht.
Ich rufe nach dir,
doch ich bekomme keine Antwort …
Wo bist du?

Über den Wolken

(Flug Köln-Berlin, 08.04.03)

Über den Wolken
bin ich ganz nah bei dir,
trag' meinen Kummer
bis fast vor deine Tür.

Kann dich fast sehen,
neben der Sonne musst du sein,
ich spür, du bist bei mir,
ich bin nicht allein.

Würd' gern dich berühren,
dich halten, dich drücken,
dich leiten und führen,
über zahllose Brücken.

Nähm' dich gerne mit
aus dem Himmel hinab,
doch ich fürchte, ich find' dich
nur an deinem Grab.

Ich liebe dich immer,
das wollt' ich noch sagen,
ich vergesse dich nimmer
werd' im Herzen dich tragen …

Asche

Reich mir deine Hand,
die es nicht mehr gibt
Keinen noch wie dich geliebt.
Dein begehrter Körper
zu Asche verbrannt.

Dein weicher Mund,
er küsst mich nicht mehr.
Komm, ström in mich ein,
ich ersehn dich so sehr.
Blaue Augen, verdunstet im All.

Sag mir, wie es geht,
dass ich dich erreich',
den Gesetzen von Raum und Zeit
entweich'.
Nein, keinen noch
wie dich geliebt.
Komm, gib mir die Hand,
die es nicht mehr gibt.

Einsamkeit und Verzweiflung

Masken

Zieh den Schleier vor die Seele und die Masken vors Gesicht –
denn wie es in dir aussieht, interessiert die Menschen nicht!
Damit keiner sie erkennt, lern verstecken deine Tränen –
weine sie nach innen, in die Leere, in dein Sehnen.
Die Sehnsucht kennt kein Ziel mehr,
er ist fort – er ist gegangen.
Ließ alleine dich zurück – mit deiner Liebe,
dem Verlangen.
Einsam ist dein Leben, wie du immer mehr erkennst –
schal und bitter schmeckt, was du heut' Dein Leben nennst.

Leere Hülle

Ihr seht mich atmen – doch ich lebe nicht.
Ihr seht mich essen – doch es nährt mich nicht.
Ich lache – aber mein Herz ist tot.
Ich starb im Mai,
es war ein wolkenloser Tag.
Ich atmete mit dir ein letztes Mal.
Nur dein Körper blieb zurück.
Und von mir
nur eine leere Hülle.

Die Trauer

Die Trauer kriegt dich
überall und nirgends.
Sie lauert gut getarnt,
wenn du denkst, es geht ganz gut.

Die Trauer passt sich an,
damit du sie nicht siehst,
wie ein Chamäleon gibt sie sich
und du wähnst dich sicher.

Doch plötzlich, unvermittelt,
schlägt sie zu,
reißt dich zu Boden
aus dem Hinterhalt.

Sie kommt stets gewaltig
und nie langsam,
sie liebt ahnungslose Opfer,
denn sie überrascht stets heimtückisch.

Du kannst sie nie beherrschen,
sie ist dir stets voraus,
sie kennt nicht Tag und Nacht –
die Trauer ist allmächtig.

Zwischen Leiden und Hoffnung

Lachen und Weinen

Wie nah sind doch Freude und Leid.
Die Sonne wärmt dich von rechts,
während eine schnurrende Katze
auf deinem Schoß liegt.
Während links ein lieber Mensch
seinen letzten Weg gehen muss.

Du lachst, du weinst
gleichzeitig.
Dir ist, als ob du über dein Lachen
weinen musst.
Doch in deinen Tränen
spiegelt sich immer noch die Sonne.

Neu

Aufbruch, Veränderung,
Ein neuer Weg
Wo geht es hin

Zurücklassen, Erinnerungen
Vergangenheit
Wo komm ich her

Vergessen, Verlassen
Liegt alles brach
Wo bin ich

Hoffnung, Erwartung
Zukunft
Wie wird es kommen

Auf neuem Weg

Freischwimmer

Bin am Ufer gewesen,
jeder Schritt auf spitzem Stein,
ziellos suchend
war der Gang,
ohne Hoffnung das Sein.

Von der Mitte des Sees
schweift das Auge zurück –
wie schmal war doch das Ufer,
– wie verdunkelt der Blick.

Und der Traum wurde wahr
vom Schwimmen im See,
so warm war das Wasser,
Träumen tat nicht mehr weh.

Ist das Ufer noch sichtbar
Steine liegen noch dort,
genieße dennoch die Tiefe
an diesem sicheren Ort.

Keine Finsternis ruft,
kein Stein kann mehr schneiden,
in dem nachtblauen See tief
ist geborgen das Leiden.

Rüstzeug

Sie packt
ihren Tornister
voller Eifer und Stolz
zum ersten Mal
und mit der Hoffnung
so zu werden
wie
ich

packe
das Leben
fordert seinen Tribut
ohne dich

sie freut sich
zu lernen
das was
auf dem Lehrplan steht
aber
nicht für die Schule
sondern für das Leben
packen wir

Das Schönste in uns

liegt auf dem Grund der Seele.
Du erkennst es
mit geschlossenen Augen
und sprachlosem Verstand.
Du fühlst es
wenn du dich öffnest,
ohne Ängste und Zweifel,
wenn Du Dich fallen lässt
in die Tiefen des Augenblicks.
Weil das Leben es so will.

Graues wird bunt

Das Eis schmilzt langsam von der Seele, tropft herunter,
die Augen sehen vieles wieder bunter.
Ein kleines Feuer flackert schon im Blick.
Sie werden wieder kalt, denkt man zurück.

Ein erstes Lächeln, eine erste Reaktion.
Du hörst bewusster jeden leisen Ton.
Beim ersten Mal ist es noch wie ein Schlag.
Ist es zu früh, das Lächeln, das ich wag?

Ist es Verrat an dem, den ich verlor?
Liebte ich mehr, als mein Herz noch fror?
Gewissensbisse, weil das Lächeln man genießt.
Konflikte, weil das Leben wieder sprießt.

Doch je bunter die Welt mit jedem Tag erscheint,
verringern sich die Stunden, in denen man noch weint.
Immer öfter ist das Lächeln um den Mund.
Irgendwann bemerkst du: Graues wurde bunt.

Einer dieser Tage

Gestern war wieder einer dieser Tage,
an denen die Zufriedenheit,
nach der ich immer suche,
nah und greifbar wird.

Gestern war wieder eine dieser Stunden,
in denen ich Dinge sehe,
die mich bis ins Innerste
mit Licht erfüllen.

Gestern war wieder eine dieser Phasen,
in denen ich das Glück,
das mich durchflutet,
mit seiner ganzen Kraft verspüren mag.

Gestern war wieder einer dieser Augenblicke,
in dem ich den Sinn von allem
fern am Horizont
erahnen kann.

Gestern war wieder einer dieser Tage,
an dem ich weiß,
wie sehr ich dieses Leben liebe –
an allen diesen wundervollen Tagen.

In Memoriam

Die folgenden Texte haben die Verfasserinnen und Verfasser zum Gedenken an ihre verstorbenen Partner geschrieben:

Sehnsucht (für Hanne)

Einsam wandere ich durch die Nacht,
in Gedanken bei dir,
über mir der Himmel mit Sternen übersät.
Ich suche mir zwei heraus und stelle mir vor,
es wären deine Augen.
Ich lächle zu Ihnen hinauf,
doch als Antwort erscheint nur
eine Sternschnuppe,
eine Träne, die über deine Wange läuft.
Ich strecke meine Hand aus,
um sie wegzuwischen.
Doch in diesem Augenblick zieht
eine Wolke vorbei
und wischt dir die Träne aus dem Gesicht.
Als die Nacht vorüber geht,
verblassen die Sterne,
als würdest du deine Augen schließen.
Ich winke zum Abschied
und werfe dir einen Kuss zu,
in der Hoffnung, dass er dich erreicht.
Wir sehen uns wieder,
morgen Nacht.

Du liebtest das Meer (An Wolfgang)

Du liebtest das Meer.
Deine Augen waren blau.
Deine Seele war tief,
manchmal stürmisch,
manchmal ruhig,
aber immer lebendig, rein

und wunderschön.
Du warst wie das Meer.

Nun lebst du im Ozean der Ewigkeit.
Da wirst du auf mich warten.
Und ich werde darauf vertrauen,
dass unsere Liebe,
tief und weit und stark wie das Meer,
uns wieder zueinander bringt,
egal, was noch passiert
in diesem meinem irdischen Leben.

Ich liebe dich.
Bitte sei da, wenn ich komme.
Und bitte geh dann nie wieder weg.

Ich werde ihn nie vergessen (für Klaus)

Wir hatten eine wunderbare Zeit zusammen, die viel zu schnell verging. An einem schönen sonnigen Sonntagmorgen, im April 1999, brach Klaus bewusstlos zusammen. Zwei Tage später wurde sein offizieller Gehirntod festgestellt, und alle Apparate wurden abgestellt. Sein Sohn kam am 28. Oktober gesund zur Welt.

Klaus liebte das Meer, die Sonne und den Wind. Er war ein ausgezeichneter Segler, und er konnte sehr gut kochen.

Ich werde ihn nie vergessen – unser Sohn wird ihn nie kennen lernen können. Ideales Zusammensein:

Nähe ohne Beengung
Geben ohne Erwartung
Zärtlichkeit ohne Absicht
Spiel ohne Kampf
Vertrautheit ohne Ansprüche
Liebe ohne Forderungen
Zauber ohne Ende …

Mein lieber Mann (für Wolfgang)

Du warst das Beste, das uns passieren konnte. Die zweieinhalb Jahre, die wir mit dir verbringen durften, waren die schönsten zweieinhalb Jahre in meinem Leben.

Du hast uns so viel gegeben – Liebe, Geborgenheit, Vertrauen, gegenseitiges Annehmen, und vor allem: Du warst immer für uns da. Ich konnte mich ganz auf dich verlassen.

Dann durfte ich auch noch deine Frau werden. Damals wussten wir schon, dass du Krebs hast, aber trotzdem war es für mich ein ganz großes Geschenk, dass ich nun auch noch deinen Namen tragen durfte. Wir hatten bis fast zum Schluss die Hoffnung, dass du den Krebs besiegen könntest. Doch dann kam die Zeit, in der klar war, dass dein Körper einfach keine Kraft mehr hatte, gegen die Krankheit anzukämpfen. Tapfer hast du alle Quälereien über dich ergehen lassen und du warst immer dankbar für meine Gegenwart. Ich durfte dir so nahe kommen wie keiner sonst, und auch das war ein großes Geschenk für mich: dass ich dich die letzte Zeit pflegen durfte. Ich konnte dir etwas von dem vielen Guten zurück geben, dass du uns gegeben hast …

Nun hast du deine wohlverdiente Ruhe bekommen, und die Quälerei ist für dich endlich zu Ende.

Du fehlst uns so sehr, und ich habe noch keinen Weg gefunden, mein Dasein ohne dich zu gestalten. Aber die wundervolle Zeit, die wir zusammen verbringen durften, die kann uns keiner mehr nehmen. Sie ist ein ganz großes Geschenk.

Danke für alles, was du uns gegeben hast.

9 Lebensfreude

Wie wird das aussehen, wie kann das gehen, woran ist es zu merken, darf das sein, wer kann das wollen,
noch einmal froh werden, sich erneut am Leben freuen?
Solange wir empfinden, ist es möglich.
Wer Trauer, Schmerz, Wut, Sehnsucht und Kummer spürt, kann fühlen.
Kann die Wärme der Sonne spüren.
Kann sich freuen, auf und über etwas, auf und über jemanden.
Kann lachen.
Unbeschwert sein.
Kann aus ganzem Herzen Beschäftigungen nachgehen.
Kann Gemeinschaft genießen.
Kann es sich schmecken lassen.
Sich von Musik bezaubern lassen.
Kann mit allen Sinnen spüren und leben.

Kapitel 9 handelt davon, wie sie sich anfühlt, die wieder erwachende Freude am Leben. Es gibt kaum eine »Anleitung«, wie das geht, doch viele Mut machende Berichte davon, dass es geht.

Und das Leben bekommt mich zurück

20. März 2002 @ verwitwet.de

Henk war doch gestern noch da! Heute Nacht ist ein ganzes Jahr vorbei, und es ist völlig unbegreiflich für mich. Zu nah die Erinnerung, zu »close« das Gefühl, dass Henk mich gerade noch in den Arm genommen hat, ich sein Lachen gesehen habe ... Die Nacht ist dunkel, und trotzdem kann ich ein paar Sterne am Himmel leuchten sehen. Ich möchte nach ihnen greifen und sie festhalten. Und der große Stern oben links in der Ecke, das ist sicher Henk. Ganz sicher.

Die Welt steht nicht still. Komisch. Wo meine Welt doch so still steht. Heute und so oft. Und doch schleicht es sich immer wieder ein: das Lächeln. Der Gedanke ans Henks Lachen, seine Augen, unsere gemeinsame Zeit, unser gemeinsames Lachen – das versuche ich festzuhalten. Und wir schaffen es. Henk hat mal gesagt: »Ich wünschte, wir könnten tauschen, Marie.« Ich habe es zuerst nicht verstanden. Jetzt verstehe ich es. Das Hierbleiben war so schwer, ist es noch. Aber es geht immer besser. Langsam. Stück für Stück wird mein Lachen immer ehrlicher. Und das Leben bekommt mich zurück. Und: I wonna lay you down in a bed of roses ... voor altijd.

Weil ich wieder da bin

15. Okt. 2004 @ verwitwet.de

Ich sitze hier und habe verdammte Angst. Schwellenangst. ...angekommen in meinem neuen Leben.

Ja, ich muss wohl über die Schwelle geschlichen, gesprungen, gegangen sein. Ich weiß gar nicht, wann das war: Wandelte ich im Traum tänzelnd darüber hinweg? Ich drehte mich um und sah sie plötzlich hinter mir liegen.

Und das ist unbeschreiblich schön. Weil ich wieder da bin. Weil ich ohne Gepäck gehen kann. Weil dieser Imperativ – Du musst, du musst, du musst – verschwunden ist. Und gepäcklos nun erlebe ich ein Gefühl unwahrscheinlicher Leichtigkeit: Es ist ein Neuanfang, und jedem Neuanfang wohnt ein gewisser Zauber inne.

Ich plane, ich überlege, ich ordne. Mein Leben und das Leben meiner Kinder. Und ich suche nach Worten, dieses Leben, diesen Zustand zu beschreiben.

Und plötzlich kitzeln erste Sonnenstrahlen die Nase. Schwindet das ewige Weiß, schwindet die Kälte, der Schnee. Farben, so intensiv, dass es in den Augen schmerzt. Und plötzlich ist es wieder da: das Gefühl zu leben. Erleichtert werfe ich Gepäck ab, ich brauche es nicht mehr. Und ohne die schwere Last fühle ich mich wie ein Schmetterling, kurzzeitig verängstigt vielleicht – verliere ich jetzt die Bodenhaftung? Nein, es fühlt sich gut an, und es fühlt sich richtig an.

Ganz schnell streift mich ein Gedanke: Das ist ja Verrat! Du bist glücklich. Du bist einverstanden mit deinem Leben. Darf das sein? Ja, es darf und es muss so sein. Neu anfangen oder bis in alle Ewigkeit den Tisch für eine vierte Person decken... Jens nannte mich »Stehaufmännchen«. – Ist das gut? Ist das schlecht? Es ist einfach so.

Im neuen Leben angekommen

17. April 2002 @ verwitwet.de

Der erste Jahrestag ist schlimm! Mich hat damals besonders erschreckt, dass es schon ein Jahr her war, und es kam mir wie gestern vor.

Irgendwann im zweiten Jahr bin ich dann in meinem neuen Leben angekommen. Dachte nicht mehr jeden Tag darüber nach, wie schön es war oder wie schwer jetzt alles alleine ist. – Ich war stolz, es alleine zu schaffen und konnte mich plötzlich wieder über die schönen Dinge des Lebens freuen.

Ich bin ganz sicher, das war es noch nicht!

Lachen und Hoffnung

29. März 2002 @ verwitwet.de

Heute vor einem Jahr ist Martina gestorben. Ich möchte diesen Tag mal nicht nur dazu nutzen, um den großen Mist, der durch den Verlust entstanden ist, zu beschreiben, sondern ich möchte mich auch bei Euch allen bedanken! Wenn ich daran denke, dass ich Euch vor einem Jahr noch nicht einmal kannte, und dann daran, wie wichtig und vertraut viele von Euch für mich geworden sind, finde ich das schon sehr erstaunlich! Ich habe hier immer ein offenes Ohr, Verständnis und Einfühlsamkeit gefunden. Hier hat sich immer jemand die Zeit genommen, mir zuzuhören; auch wenn ich mal in sehr aggressiven oder destruktiven Phasen gesteckt habe, hat sich keiner wirklich abgewandt. Das finde ich überhaupt nicht selbstverständlich! Ich schätze, jeder von uns hat es auch schon anders erlebt.

Und auch der Spaß ist nicht zu kurz gekommen. Wenn mich manchmal andere Leute gesehen hätten, wie ich vorm Rechner vor Lachen fast vom Stuhl gefallen wäre, hätten sie sich zumindest gewundert.

Durch Euch habe ich ein paar sehr wichtige Sachen (neu) gelernt: Ich bin NICHT alleine mit meinen Problemen, ich kann lachen und Spaß haben, und es gibt Hoffnung!

Sehnsucht

17. März 2004 @ verwitwet.de

Ich bin heute morgen ins Büro gefahren, schon als ich aus dem Haus kam, war der Frühling da: blauer Himmel, die Sonne scheint, Vögel singen ganz laut und die Luft ist so mild … Und dann im Auto kommt ein Lied, das mir gut gefällt, richtig rockig, ich stelle das Radio so laut, dass mir fast die Ohren abfallen, singe mit und fühle mich so lebendig und lebensfroh, wie ich dachte, dass ich es nie mehr sein kann.

Ich dachte daran, wie gut es mir zur Zeit geht, ich stehe morgens auf, bin gesund, habe einen Job, der mir Spaß macht, brauche keine Angst mehr zu haben wie im vorigen Jahr, als mein Mann krank war und fast jeder Tag und jede Nacht voller Sorgen und großer Angst um ihn war.

Und dann kommt das schlechte Gewissen. – Ist es richtig, dass ich mich so gut fühle? Ich habe doch das Liebste verloren, was ich hatte. Bin ich herzlos, weil ich schon nach fünf Monaten wieder die Sonne spüre und merke, dass mein Herz auch wieder leichter wird und nicht nur mit Trauer belastet ist?

Ja, und dann ist etwas passiert, wovon ich denke, dass es eine Antwort auf meine Frage nach dem schlechten Gewissen ist: als nächstes Lied kam im Autoradio ein Lieblingslied meines Mannes, von John Lennon.

Kennt Ihr solche Gefühle, solche Zweifel und auch so eine Sehnsucht, die so widersprüchlich ist: einmal die Sehnsucht nach dem Partner und einmal die Sehnsucht nach einem Leben voller Sonne?

Ich bin selbst verantwortlich

26. Okt. 2003 @ verwitwet.de

Auch ich kenne gut die Zeiten der Mutlosigkeit, die quälende Frage: Wozu das alles überhaupt noch? Kurzum, das gefürchtete schwarze Loch. Ich habe die Erfahrung machen müssen, dass mir nichts anderes übrig blieb und bleibt, als mich immer wieder auf's Neue aufzurappeln. Mittlerweile habe ich mit meinen Berg- und Talfahrten schon fast Routine …

Ich habe in den fünf Jahren aber auch begriffen, dass ich selbst verantwortlich bin, für schöne Erlebnisse zu sorgen und nicht zu hoffen, dass sie vom Himmel fallen. Und das ist nicht nur eine Frage des Geldes oder was auch immer.

Ich denke heute, Phasen des Selbstmitleides zu überwinden ist eine der größten Herausforderungen der Trauerarbeit. Mich führte es zu Fragen wie: Wie hast du eigentlich deine Zeit verbracht, als du deinen Mann noch nicht kanntest? Welche Dinge waren dir wichtig? Was hast du in den vergangenen Jahren vernachlässigt? Was könnte dir heute Freude machen? u.a.m. Es führte mich zu mir selbst, mit meinen Licht- und Schattenseiten ...

Erst dann ist es eine Frage bzgl. Freunde, Familie etc. Es bringt mir überhaupt nichts, damit zu hadern, dass ich bestimmte Unternehmungen mit meinem Mann nun nicht mehr realisieren kann – z.B. ist für mich leider keine Tour mit einem Wohnmobil durch Norwegen machbar, weil ich mich das allein nicht traue, unsere »Zigeunerurlaube« werde ich wohl für immer vermissen – doch ist es nicht so, dass das Leben ein Geschenk ist? Mein Mann hat das für sich zwar anders gesehen (Suizid), aber was ist mit mir?

Sicher ist es gewöhnungsbedürftig, Unternehmungen allein zu starten, und ich habe einiges auch recht abenteuerlich erlebt, weil mir einfach die Erfahrung fehlte; doch heute habe ich einige Nischen gefunden, in denen ich mich tummeln kann. Und ich staune inzwischen über mich selbst, was ich da so veranstalte.

Vielleicht gibt es bei uns in Ostdeutschland noch mehr menschliche Wärme (für mein Umfeld kann ich das nur bestätigen!), aber wenn man unglücklich sein will, kann man das auch hier. Und wenn ich mal durchhänge, dann klicke ich mich bei www.verwitwet.de ein, da fühle ich mich wohl, da fühle ich mich gut aufgehoben.

Das Leben wieder für mich entdecken

8. Juni 2004 @ verwitwet.de

Klar kann man wieder unbeschwert und glücklich sein. Gerade wenn man so einen großen Schmerz erlebt hat, bekommt man ganz andere Perspektiven und fängt irgendwann an, das Leben wieder zu genießen. Das ist ein langer, schmerzhafter Prozess, aber es wird dann auch belohnt. Du freust dich dann über Dinge, die dir vorher nie aufgefallen sind, die einfach normal waren.

Mir geht es so, dass ich es regelrecht genieße, das Leben wieder für mich zu entdecken. Es tut oft weh, weil ich diese Lebensfreude gerne mit Axel teilen würde, aber es ist nun mal so, wie es ist, und ich muss aus der Situation das Beste machen. Außerdem bin ich mir sicher, dass er sich mit mir freut und dass er glücklich ist, mich wieder lachen zu sehen.

Raus aus der Gewohnheit

7. März 2002 @ verwitwet.de

Ich hatte gerade das große Glück, ein paar Tage ohne Kinder, ohne Stress und Verantwortung im Schnee zu verbringen. Es war einfach nur toll. Durch die fremde Umgebung konnte ich tatsächlich das erste Mal nach dem Tod meines Mannes etwas abschalten.

Nicht, dass ich ihn dabei vergessen oder verdrängt hätte. Er saß im Sessellift neben mir, stand auf meinem Brett mit drauf und gemeinsam saßen wir im Schnee. Wisst ihr, was ich meine? Er war immer präsent, immer da auf eine ganz arg positive schöne Weise. Jetzt, wo ich das schreibe, kommt das erste Mal heute die Sonne heraus und scheint mir mitten ins Gesicht. Ich habe das Gefühl, dass er ganz nah bei mir ist. Mir ist wieder ein Stück wärmer geworden. Die Verzweiflung ist nicht mehr so tief, so grenzenlos. Ich bin und fühle mich gelöster, zumindest im Moment. Er fehlt mir nach wie vor unendlich, aber ich bin auch überzeugt, dass er mir nur ein Stück vorausgegangen ist. Irgendwann, ob das morgen, nächstes Jahr oder in zehn Jahren ist, werde ich ihm folgen, und er wird an der Tür auf mich warten. Auf dieses Wiedersehen freue ich mich schon jetzt. Aber was ich euch eigentlich sagen wollte: Wenn ihr die Möglichkeit habt, einige Tage aus der normalen, gewohnten Umgebung herauszukommen, macht es. Mir hat es unglaublich geholfen, mich einen Riesenschritt voran gebracht.

Glücksmomente

3. Feb. 2002 @ verwitwet.de

Dann habe ich vor meinem Fenster am Futterhaus zwei hübschen Bergfinken zugesehen, nebenbei das schöne Licht bemerkt, das die aufgehende Sonne auf die mit Raureif bedeckten Hausdächer wirft.

Ich höre meinen älteren Sohn in der Dusche rumoren, der jüngere schläft noch – beide sind gesund, und ich denke, das Leben kann doch so schön sein!

Ich wünsche euch allen auch viele solche kleinen Glücksmomente!

Wie wertvoll das Leben ist

30. März 2003 @ verwitwet.de

Oft stellte ich mir die Frage, weshalb lebst du eigentlich noch? Ich glaube, dass ich heute Morgen auf dem Friedhof eine Antwort bekam.

Ich hatte das Grab wieder schön gemacht, Frühlingsblumen gesetzt, gereinigt usw. Die Sonne schien durch die Bäume, und die Vögel sangen ihr Frühlingslied. Da spürte ich es wieder, das Leben, die Kraft der Natur und die Kraft der Sonne.

In den knapp anderthalb Jahren, seit meine Frau verstarb, suchte ich nach Neuem, nach Veränderung und nach Wegen aus dem Alleinsein. Dabei übersah ich wohl das Wesentliche, nämlich das, was man noch hat. Gesunde Kinder, keine Bomben auf dem Kopf, genügend zu essen und Gesundheit – sowie das wohl Wesentlichste überhaupt, nämlich das Leben selbst.

Wir haben alle auf sehr harte Weise gelernt, wie wertvoll das Leben ist, nun sollten wir lernen, von diesem Wert nichts zu verschenken und versuchen, das, was wir noch haben, ausgiebig zu achten und wahrzunehmen. Den Schmerz kann uns keiner nehmen, ich kann auch nicht beurteilen, ob er jemals ganz nachlässt, aber das sollte uns nicht daran hindern, weiterzuleben und das zu genießen, was da ist.

Ich habe heute morgen gespürt, wie es ist, sich wieder zu freuen, an Kleinigkeiten zu freuen, an den Vögeln, die zwitschern, an der Sonne, die scheint, und an den lachenden Kindern. Das alles sind Dinge, für die es sich lohnt, weiter zu leben, und es sind Dinge, die helfen, auch mit dem Schmerz zu leben.

Dankbarkeit

4. Jan. 2002 @ verwitwet.de

Meine Frau ist jetzt neun Monate tot. Ich war gerade über Silvester mit meiner Tochter (eineinhalb Jahre) eine Woche alleine in St. Peter-Ording. Ich bin sogar selbst etwas verwundert über mich, aber eigentlich ist das Leben doch ganz einfach.

Was braucht man denn wirklich zum Glücklichsein?

Ich habe es genossen, meiner Tochter beim Spielen zuzusehen.

Ich habe es genossen, mit ihr zu spielen.

Ich habe es genossen, abends mit ihr Essen zu gehen.

Ich habe es genossen, abends beim Glas Wein ein gutes Buch zu lesen. Kurz: Ich habe es genossen, zu leben!

Ich vermisse meine Frau sehr stark und hätte dieses Glück auch sehr gerne mit ihr geteilt. Ich frage mich allerdings manchmal, ob ich dieses Glück ohne den tragischen Hintergrund überhaupt zu würdigen wüsste. Na egal, ich werde es wohl nie herausfinden. Ich bin auf jeden Fall dankbar für die schöne Zeit, die ich mit meiner Frau verbringen durfte, für die tolle Tochter, die sie mir geschenkt (hinterlassen) hat, und auch für die scheinbaren Kleinigkeiten, welche das Leben lebenswert machen!

In diesem Sinn: Alles Gute für dieses neue Jahr und für das weitere Leben.

Die Augen meiner Tochter

5. Dez. 2001 @ verwitwet.de

Wenn ich gerade jetzt zur Adventszeit in die Augen meiner Tochter schaue, gibt es viele Momente, die mir unendlich viel Glück geben. Ich bin traurig, dass mein Mann diese Momente nicht mehr erleben kann! Und doch steckt für mich so viel Lebendigkeit und Lebenskraft dahinter,

- wenn meine Tochter mit bebender Freude vor dem Nikolaus steht,
- wenn sie mit leuchtenden Augen auf dem Adventsmarkt umherschaut,
- wenn sie einen Abendspaziergang machen möchte um zu sehen, wie die Menschen die Fenster mit Kerzen und Lichtern erhellt haben,

– wenn sie voller Andacht den allabendlichen Adventsgeschichten lauscht …

Dieser Funke springt über, man muss sich nur an den kleinen Dingen wieder erfreuen lernen – sie versöhnen uns mit den Schicksalen unseres Lebens.

Mein Mann sagte immer, der Tod gehört zum Leben – dieser Satz hilft mir sehr, SEINEN Tod zu verarbeiten.

Die Hoffnung nicht aufgeben

7. April 2002 @ verwitwet.de

Es gibt ein Leben danach! Und es ist klasse. Mein Mann ist im Oktober vier Jahre tot, und ich lebe seit einem Jahr wieder mit einem sehr netten Mann zusammen. Ich muss aber auch dazu sagen, dass ich Glück hatte und meine Kids gerne bei Oma schliefen und auch ein super Babysitter da war. Trotz allem hatte ich sehr lange Zeit nicht mal das Bedürfnis, raus zu gehen. Ich hab dann auch immer nur die Paare gesehen. Der Anfang war sehr frustrierend – vor allem, wenn ich ganz allein unterwegs war. Und ich blieb absolut erfolglos, denn ich wollte mit aller Gewalt aus meinem selbstgeschaufeltem Loch! Das hat nicht funktioniert. Und dann ganz plötzlich eine Einladung von einem befreundeten Pärchen. Kids konnte ich mitbringen, und da lernte ich dann meinen jetzigen Partner kennen. Alles ganz locker und ungezwungen

Also, so gut ich Euch auch verstehen kann, bitte gebt die Hoffnung nicht auf und vergrabt Euch nicht! Das Leben ist zu schön dafür. Sicher gibt es Momente oder Tage, da falle ich wieder zurück. Aber es wird weniger und auch weniger schmerzlich. Es wird nie ganz vergehen, denn es ist ein Teil unserer Persönlichkeit, unserer Geschichte, aber das verbietet uns nicht, wieder aktiv am Leben teilzunehmen und es zu genießen.

In diesem Sinne wünsche ich Euch allen viel Kraft, Hoffnung und Geduld. ES GEHT AUFWÄRTS, UND DAS LEBEN IST SO SCHÖN!

So ein Glücksgefühl

17. Juni 2004 @ verwitwet.de

Es gab so viel für die Kinder zu erleben! Die beiden schleppten mich in eine Hüpfburg, das erste Mal in meinem Leben, ich hüpfte, lachte, fiel hin und sämtliche Kinder stürzten sich auf mich und begruben mich unter sich. Es war ein großes Hallo, ein glückliches Geschreie und Gekreische, und ich war genauso laut wie die Kinder. Dann lag ich da, auf dem Rücken, und lachte und lachte, bis mir vor Lachen die Tränen kamen. So ein Glücksgefühl … so lange nicht gehabt …

Und es ging weiter, Schubkarrenrennen mit den Kindern. Auf der großen Rutsche zog die eine, schob der andere, bis wir miteinander hinunterpurzelten und lachten, lachten, lachten. Meine Eltern spielten mit den Kindern, und ich unterhielt mich mit den alten Nachbarn von früher, als ich noch bei meinen Eltern wohnte. Sie fragten auch nach meinem Lebensgefährten, und ich konnte endlich antworten, ohne zu weinen. Es war so natürlich, es gehörte ganz einfach zu meinem Leben …

Am Montag fiel mir dann ein, was mir den gesamten Samstag nicht einfallen wollte: An diesem schönen Samstag war es anderthalb Jahre her. Dieser schreckliche Tag jedes Monats ging im Lachen unter. Und ich hatte kein schlechtes Gewissen, weil ich wusste, ich habe meinen Holger deshalb nicht weniger lieb und ich werde ihn weiterhin nicht vernachlässigen. Endlich hat die Fröhlichkeit mich wieder, sie kam ganz ungezwungen.

Ich möchte den »Neuen« unter uns damit nur sagen: Irgendwann, individuell verschieden, kommt die Lebensfreude wieder. Es ist zwar anders als früher, und ich hätte meinen Liebsten sehr gern bei diesem Herumgetobe dabei gehabt. Aber ich weiß nun, er hat seinen Platz in meinem Herzen, der Neubau für mein Herzenshaus ist fertig, das neue Leben ohne ihn kann endlich, ohne schlechtes Gewissen, von mir gelebt werden. Ich werde ihn immer lieben, aber endlich ist wieder Platz für andere Dinge in meinem Herzen. Es stimmt schon, die Zeit heilt die Wunden, aber es dauert unendlich lange und jeder von uns, der es schafft, sich wieder zu finden und mit sich und dieser Situation ins Reine kommt, kann wirklich stolz auf sich sein.

Ich wünsche euch die Kraft, den Mut und die Geduld, dass ihr euch irgendwann auch wieder in euer individuelles »Abenteuer Leben« stürzen könnt, mit Blick nach vorn.

(Re) Heller als je zuvor

18. Juni 2004 @ verwitwet.de

Wie schön du deine wiedergewonnene Lebensfreude beschreibst. Ich möchte mich dir anschließen, auch ich habe sie schon lange wieder gefunden. Wenn ich mit meiner Enkeltochter toben kann, wenn sie sich voll schmiert mit Tuschfarbe und mich gleich dazu, dann ist das Leben wieder zu spüren. Früher war alles dunkel, und heute ist es heller als je zuvor. Du schreibst mir aus der Seele, und wir alle wissen ja, wie schwer ein neuer Anfang ist.

Anfang, das ist das Wort … und ich wünsche allen, die noch im Dunklen sind, dass sie nicht aufgeben, an das Leben zu glauben, wenn es auch unheimlich viel Kraft, Mut und Zuversicht kostet. Das »Abenteuer Leben« ist es wert, und wie schon mein Lebensmotto sagt: Jedes Ende kann ein neuer Anfang sein.

Kraft und Zuversicht

8. Dez. 2001 @ verwitwet.de

Einen wunderschönen guten Morgen euch allen! Die Kinder fetzen sich, egal, die Sonne scheint wieder. Im CD-Player läuft Britney Spears, egal, die Sonne scheint wieder. Überall auf den Regalen und Schränken meldet sich der Staub der vergangenen Tage, egal, die Sonne scheint wieder. Der Stress und die dunklen Wolken, vorbei, die Sonne scheint wieder. Die Angst vor dem einsamen Weihnachtsfest ohne Dich, verdrängt, die Sonne scheint heute! Die Sorge, was das neue Jahr alles an Schmerzen wieder bereithält, verschwunden, die Sonne scheint wieder.

In mir ist heute wieder die altbekannte Kraft und Zuversicht, woher auch immer, und im Moment bin ich nur dankbar dafür!

Es geht mir gut

8. Dez. 2002 @ verwitwet.de

Die Zukunft erschien mir bedrohlich, ich wähnte sie wie eine schwarze, undurchdringliche Wand vor mir. Aber ich habe es geschafft. Ich habe es geschafft mit der Liebe zu meinem Sohn, mit der Hilfe meiner Freunde, mit der Hilfe fremder Leute, die ich für Felix als Tagesmutter angeheuert habe (natürlich gegen Bezahlung), mit Hilfe meiner Arbeit (da hatte ich was, wo ich mich so richtig reinstürzen konnte). Ich habe es geschafft mit der bitteren Erkenntnis, dass es besser klappt, wenn man das Gros der Familie nicht einbindet (in meinem Fall jedenfalls). Nicht zuletzt habe ich es auch geschafft mit dem tollen Freundes- und Bekanntenkreis, den ich später auf dieser Homepage gefunden habe (Oliver sei nochmals gedankt). Ich habe es geschafft, ein völlig neues Leben aufzubauen; anders als geplant, aber erkennend, dass auch diese Art des Lebens schöne Seiten bietet (wenn man denn die Augen nicht völlig verschließt, alles zu seiner Zeit). Auch habe ich es geschafft, mich gegen merkwürdige Blicke aus der Umgebung zu immunisieren, falsches Mitleid zu überhören, bei unpassenden Bemerkungen hemmungslos »zurückzubeißen«; vielleicht bin ich sogar soweit, behaupten zu können, den Verlust endgültig verarbeitet zu haben? Das soll natürlich nicht heißen, dass ich meine Frau je vergessen habe.

Inzwischen geht es mir sogar so gut, dass ich behaupten kann, glücklich zu sein. Wir freuen uns auf die Zukunft, buchen mit richtiger Vorfreude Urlaube, planen die Zukunft mit allen Facetten, die das Leben noch zu bieten hat. Das Leben kann auch nach einem solchen Schicksalsschlag, den wir (die wir uns hier auf der Homepage registriert und versammelt haben) erleben mussten, wieder schön sein. Wir freuen uns sogar auf die bevorstehenden Feier- und Geburtstage. Auch wenn ich anfangs nicht daran zu denken wagte …

Sicherlich werden einige anderer Meinung sein, aber ich möchte versuchen, all denen Mut zu machen, die zurzeit keinen Weg in die Zukunft sehen. Natürlich werden die nächsten Wochen recht schwer, aber »hinter'm Horizont geht's weiter …«

Natürlich hätte ich diesen Beitrag schon viel eher schreiben können. Allerdings habe ich bewusst die Zeit um den bevorstehenden fünften Todestag gewählt, da wir uns nun wieder in der Adventszeit befinden und viele nicht wissen, wie sie diese Familientage überstehen sollen. Zurzeit geht es mir so gut wie schon lange nicht mehr, nicht jeder wird dafür so lange brauchen wie ich …

Wenn ich ins Forum schaue …

9. Aug. 2001 @ verwitwet.de

Wenn ich ins Forum schaue, sehe ich, da tut sich was. Da schreiben Menschen ihre Gedanken, Sorgen, Ängste, auch Freuden oder Trost. Und ich merke, ich lebe …

Ich kann lesen. Mich anderen mitteilen. Nach Hilfe fragen. Schöne und erschreckende Gedanken weitergeben. Und dann erhalte ich Antwort. Da gibt es Menschen, denen ist nicht egal, was ich schreibe. Und ich merke, ich lebe …

Da sind plötzlich Gefühle, wo ich dachte, da ist alles tot. Da ist Freude über eine Antwort. Da ist Enttäuschung über einen Beitrag. Da ist Wut über die eigene Hilflosigkeit. Und ich merke, ich lebe …

Da erfahre ich von Treffen, da laden Menschen andere ein, da finden Begegnungen statt. Irgendwann werde ich gefragt, kommst du auch? Und ich merke, ich lebe …

Wieso soll es mir da nicht gut gehen? Schließlich lebe ich doch. Klar geht es mal rauf und mal runter. Aber das gehört dazu. Wir dürfen leben – leben in vollen Zügen!

10 Ein »Best of Poems & Songs«

Während in Kapitel 8 die selbst verfassten Texte von Community-Mitgliedern im Mittelpunkt stehen, wird in diesem 10. Kapitel eine Auswahlliste mit Songs und (überwiegend klassischen) Gedichten und Sprüchen (Aphorismen) vorgestellt, mit Texten, die »zum Nachdenken anregen« und die »unser Herz berühren können«, wie es in einem Forumsbeitrag dazu heißt.

Es sind songs & poems, in denen sich viele Verwitwete mit ihren Gedanken, Gefühlen und Wünschen wiederfinden können – so auch die Frauen und Männer der verwitwet.de-Community, wie ein Blick in die Lyrik- und Prosarubrik der Homepage zeigt, wo wir alle hier versammelten Texte gefunden haben.

Wir haben eine Textauswahl getroffen, die neugierig machen will und zu eigener Recherche und Lektüre, zum eigenen Hören (zum Träumen, zum Lachen und Weinen, Sicherinnern, zum Gefühleausleben …) anregen und ermutigen möchte.

Aus Platzgründen und um mehr Titel aufnehmen zu können, werden meist nur die Titel(zeilen) und die Verfasser bzw. Interpreten genannt.

poems

Helfen Gedichte bei der Trauer?

12. Sept. 2004 @ verwitwet.de

Viele Gedichte sprechen mir aus der Seele, berühren mein Herz, regen zum Nachdenken an und helfen mir, den Weg der Trauer zu gehen.

Gedichte, die unser Herz berühren, helfen, denn oftmals können wir unsere eigenen Gedanken nicht in Worte fassen, und dann liest du so ein Gedicht und denkst: Genau so fühle ich auch.

Weine nicht, wenn du mich liebst (Augustinus)

Der Tod bedeutet nichts.
Ich bin nur auf die andere Seite gegangen.
Ich bin ich. Du bist du.

Das, was wir füreinander waren,
wir sind es immer noch.
Gib mir den Namen, den du mir immer gegeben hast.
Sprich zu mir, wie du es immer getan hast.
Verwende keinen anderen Ton.
Nimm keinen salbungsvollen oder traurigen Ton an.
Fahre fort, über das zu lachen,
was uns zusammen lachen gemacht hat.
Bete, lache, denke an mich, bete mit mir.
Dass mein Name zu Hause ausgesprochen wird,
wie er es immer wurde,
ohne irgendeinen schwülstigen Ton,
ohne eine Spur von Schatten.
Das Leben bedeutet das, was es immer bedeutet hat.
Es ist, was es immer gewesen ist,
der Faden ist nicht durchtrennt.
Warum sollte ich außerhalb deines Blickes sein!
Ich bin nicht fern,
nur auf der anderen Seite des Weges.
Du siehst, alles ist gut.
Du wirst mein Herz wiederfinden,
du wirst geläuterte Zärtlichkeiten wiederfinden.
Trockne deine Tränen,
und weine nicht, wenn du mich liebst.

(Übersetzung von C. von Herz-Groß)

Es gibt nichts, was uns die Abwesenheit ... (Dietrich Bonhoeffer)

Es gibt nichts, was uns die Abwesenheit
eines lieben Menschen ersetzen kann,
und man soll das auch gar nicht versuchen.
Man muss es einfach aushalten und durchhalten.
Das klingt zunächst sehr hart, aber
es ist doch zugleich ein großer Trost.
Denn indem die Lücke wirklich unausgefüllt bleibt,
bleibt man durch sie miteinander verbunden.
Je schöner und voller die Erinnerung,

desto schwerer die Trennung.
Aber die Dankbarkeit verwandelt die Qual der Erinnerung
in eine stille Freude.
Man trägt das vergangene Schöne nicht wie einen Stachel,
sondern wie ein kostbares Geschenk in sich.

Wir werden uns wiederfinden (Rose Ausländer)

Die Liebe ist ... (Die Bibel, Das Hohelied der Liebe, 1. Kor. 13)

Wenn ich tot bin / When I am dead, my dearest (Christina Rossetti)

Steht nicht an meinem Grab und weint / Do not stand at my grave and weap (Indianisches Gedicht)

Wenn Du bei Nacht den Himmel anschaust
(Antoine de Saint-Exupéry)

Wenn du bei Nacht den Himmel anschaust,
wird es dir sein, als lachten alle Sterne,
weil ich auf einem von ihnen wohne,
weil ich auf einem von ihnen lache.
Du allein wirst Sterne haben, die lachen können!
Und wenn du dich getröstet hast
(man tröstet sich immer),
wirst du froh sein, mich gekannt zu haben.
Du wirst immer mein Freund sein.
Du wirst Lust haben, mit mir zu lachen ...
Und deine Freunde werden sehr erstaunt sein,
wenn sie sehen,
dass du den Himmel anblickst und lachst.

Es gibt viel Trauriges in der Welt (Hugo von Hofmannsthal)

Was vorüber ist (Rose Ausländer)

Ich bitte nicht um Wunder (Antoine de Saint-Exupéry)

Von guten Mächten wunderbar geborgen (Dietrich Bonhoeffer)

Von guten Mächten wunderbar geborgen,
erwarten wir getrost, was kommen mag.
Gott ist mit uns, am Abend und am Morgen
Und ganz gewiss an jedem neuen Tag.

Nur zwei Dinge (Gottfried Benn)

Nicht alle Schmerzen sind heilbar (Ricarda Huch)

Der Brunnen (Rose Ausländer)

Ich glaube, dass, wenn der Tod ... (Arthur Schopenhauer)

Ich glaube, dass, wenn der Tod
unsere Augen schließt,
wir in einem Lichte stehen,
von welchem unser Sonnenlicht
nur der Schatten ist.

Und ich sah einen neuen Himmel und eine neue Erde
(Bibel, Offenbarung 21)

Hoffnung (Vaclav Havel)

Ich gehe ihm aus dem Weg (Rose Ausländer)

An M. (Joachim Ringelnatz)

Der du meine Wege mit mir gehst,
jede Laune meiner Wimper spürst,
meine Schlechtigkeiten duldest und verstehst –
weißt du wohl, wie heiß du mich oft rührst?

Wenn ich tot bin, darfst du gar nicht trauern.
Meine Liebe wird mich überdauern
und in fremden Kleidern dir begegnen
und dich segnen.

Lebe, lache gut!
Mache deine Sache gut!

Mitten im Winter (Albert Camus)

Mitten im Winter
erfuhr ich endlich,
dass in mir ein unvergänglicher,
unbesiegbarer Sommer war.

Wenn die Sonne weggegangen (Clemens Brentano)

Vom Tod (Khalil Gibran, aus: Der Prophet)

Manchmal scheint uns ... (Hermann Hesse)

Meine Seele konnte nicht leben ohne ihn (Augustinus)

Verhältnismäßig tot sein (Erich Fried)

Stehen im Schatten (Paul Celan)

Aus: Mondnacht (Joseph von Eichendorff)

Und meine Seele spannte
weit ihre Flügel aus,
flog durch die stillen Lande,
als flöge sie nach Haus.

Ich finde dich in allen diesen Dingen (Rainer Maria Rilke)

Im Nebel (Hermann Hesse)

Was es ist (Erich Fried)

Nicht müde werden (Hilde Domin)

Nicht müde werden
sondern dem Wunder
leise
wie einem Vogel
die Hand hinhalten.

Memento (Mascha Kaléko)

Letzte Worte (Anette von Droste-Hülshoff)

Herz, mein Herz ... (Heinrich Heine, Buch der Lieder)

Und wie viel ist dir geblieben!
Und wie schön ist noch die Welt!
Und, mein Herz, was dir gefällt,
alles, alles darfst du lieben!

songs

Musik

1. Feb 2002 @ verwitwet.de

Liebe Schicksalsfreunde, was würdet ihr von einer Sparte Musik halten? – Mir hat Musik immer sehr geholfen.

- Bringt sie doch liebe Erinnerungen.
- Können Texte zum Nachdenken anregen.
- Kann man sich gehen lassen und austoben,
- in Tagträume versinken,
- lachen, weinen ... Gefühle ausleben.

Vielleicht geht es EUCH auch so und ihr möchtet anderen interessante Liedtexte oder Musik zugänglich machen.

Auch heute noch (Andrea Berg)

Der Weg (Herbert Grönemeyer)

... Habe dich sicher
In meiner Seele.
Ich trag' dich bei mir
bis der Vorhang fällt.

Endless days (Kinks)

Farewell Reel (Patti Smith)

So darling farewell
All will be well
And then all will be fine
The children will rise…

Feel (Robbie Williams)

Für die Seele (Nicole)

If tomorrow never comes (Ronan Keating)

I'll be missing you (Puff Daddy & Faith Evans)

In Gedanken (PUR)

Kein Zurück (Wolfsheim)

Komm, großer schwarzer Vogel (Ludwig Hirsch)

Leaving on a jet plane (Peter, Paul & Mary)

Manches geht niemals vorbei (Schürzenjäger)

Mensch (Herbert Grönemeyer)

Music (John Miles)

My Love (Paul McCartney)

My Lady D'Arbanville (Cat Stevens)

Now I'm easy (The Dubliners)

Nur zu Besuch (Die Toten Hosen)

Ich spür dich ganz nah hier bei mir,
kann deine Stimme im Wind hören,
und wenn es regnet, weiß ich, dass du manchmal weinst –
bis die Sonne scheint, bis sie wieder scheint …

Wir haben beide unser Lied

10. Nov. 2002 @ verwitwet.de

Meinem Sohn (er wird bald 18) fiel es nach dem Tod seiner Mutter besonders schwer, so schien es mir jedenfalls, sich dem Gefühl der Trauer zu stellen; er wehrte es oft – und manchmal fast aggressiv – ab, wenn ich mit ihm darüber sprechen wollte. Seit Wochen hört er immer wieder dieses Lied »Nur zu Besuch«. Vielleicht ist das ein Weg für ihn, bei jedem Hören ein Stück des (sonst meist zurückgehaltenen?) Schmerzes und der Trauer zuzulassen. Campino kann ihm also vielleicht besser helfen als ich es könnte.

So haben wir jetzt beide unser Lied: Für mich ist es »Der Weg« von Grönemeyer, für ihn ist es die Ballade von Campino. Wenn ich »Der Weg« höre, habe ich manchmal ein Kissen im Arm, tanze (mit ihr) und fühle mich meiner verstorbenen Frau und ihrer »heiteren Würde« ganz nah – und dann gehe ich zurück in die »offene Welt«, freue ich mich darauf, am Abend meine Freundin zu sehen, die ich vor zwei Jahren durch einen Zufall (??) kennen gelernt habe. Es geht mir wieder gut heute: Ich habe (und ich spüre) meine verstorbene Frau »in meiner Seele«, und ich kann wieder glücklich sein in einer neuen Beziehung.

Schon so lang (Hannes Wader)

Stella Maris (Einstürzende Neubauten)

Tears in heaven (Eric Clapton)

I must be strong
and carry on
'cause I know I don't belong
here in heaven

Walzer für Dich (PUR)

Wir haben gestritten, uns angebrüllt,
uns weh getan, Fehler gemacht.
Doch verzeihen, versöhnen, den anderen verstehen
hast du mir beigebracht.

Wie ein Baum, den man fällt (Reinhard Mey)

Wie vor Jahr und Tag (Reinhard Mey)

You are missing (Bruce Springsteen)

11 Hilfen

Jeder Mensch kann ein Helfer, eine Helferin sein durch praktische Unterstützung, Rücksicht, Anwesenheit, Begleitung und Geduld. Durch das Teilen von Erfahrungen und das Teilen von Stimmungen. Wenn die einen keine Angst haben, Hilfen anzubieten und die anderen angebotene Hilfe annehmen, wenn sie einfordern, was ihnen gut tut, dann gelingt es zu helfen.

Wer wünscht sich, wer braucht professionelle Begleitung? Wer braucht Therapie? Dazu zwei Aussagen aus der Sicht langjährig erfahrener Trauerbegleiter:

»Nicht jeder trauernde Angehörige bedarf einer professionellen Trauerbegleitung. Über 60% der Angehörigen – insbesondere der Partner – eines Verstorbenen bedürfen keiner besonderen Begleitung oder Betreuung, sie können ihren Trauerweg alleine bestehen.

Etwa 30% der Trauernden wünschen sich … Begleitung und Hilfe während des Trauerprozesses. Nur 10 % der Angehörigen weisen Anzeichen eines besonders schweren Trauererlebens auf und brauchen medizinische und/oder psychotherapeutische Betreuung und Behandlung …«

»Trauer an sich ist keine Krankheit, sondern eine natürliche seelische und physiologische Reaktion. Krank ist es, nicht trauern zu können, und es macht krank, die Trauer zu verdrängen.«

(M. Müller, E. Weidner, in: Die Hospiz-Zeitschrift Nr. 3/2000, Themenheft Trauerbegleitung)

Inwieweit kann Lesen, kann Schreiben hilfreich ein? Dass das Lesen von Fachliteratur zum Thema Trauern und, oft mehr noch, die Lektüre von Erfahrungsberichten hilfreich sein kann, werden viele Trauernde aus eigener Erfahrung bestätigen können. Ebenso kann das eigene Schreiben (etwa eines Tagebuchs, das Schreiben von Briefen an den Verstorbenen …) als hilfreich und stärkend, manchmal sogar als befreiend erlebt werden. Auch in den Foren der Homepage wird oft darauf hingewiesen, wie gut es tut, sich etwas »von der Seele zu schreiben«. Von solchen Schreiberfahrungen berichtet der letzte Teil dieses Kapitels.

Begleitung

28. Nov. 2001 @ verwitwet.de

Ich habe meinen Mann vor sechs Monaten durch einen Arbeitsunfall verloren, und mir hat der Arbeitgeber meines Mannes sehr geholfen. Die Frau ist mit mir zur Krankenkasse und hat auch geholfen, Anträge auszufüllen und mich beraten, welche Ansprüche ich habe … Ansonsten kann ich dir nur raten, Hilfe anzunehmen, die dir auch angeboten wird. Ich dachte oft, was wollen die alle, aber nach einiger Zeit ist man froh darüber.

Mein Chef

10. Juli 2002 @ verwitwet.de

Ich bin derzeit auch sehr mit dem Umstellungsprozess kleine Kinder (zwei und vier Jahre) und Arbeiten beschäftigt. Ich hatte das »Glück«, noch im Erziehungsurlaub zu sein, als mein Mann starb. Und mein Chef ist einer von der Sorte, die man suchen kann. Er hat mir ermöglicht, einen kleinen Einstieg zu machen. Ich arbeite zwölf Stunden in der Woche. Zusammengefasst an einem ganzen und einem halben Tag. Die Kinder betreut währenddessen meine Mutter, die für meine Arbeitstage immer anreist und bei uns übernachtet. Auch das ist ein Glücksfall.

Nicht allein gelassen

11. Sept. 2003 @ verwitwet.de

Meine Frau verstarb am 28.02.03, als sie beim Erste-Hilfe-Leisten von einem Auto erfasst wurde. Wir waren erst vier Monate vorher hierhin gezogen, 450 km von der alten Heimat weg. Ich kannte keinen Menschen hier. Die Vorstellung, mit unserem Sohn alleine bei der Beerdigung zu sein, war mit das Schlimmste in dieser Zeit. Doch ich erlebte, dass, wenn man vom Tod besiegt wird, plötzlich Menschen da sind, die dir helfen, zumindest in Würde zu verlieren. Über siebzig Leute waren beim letzten Gang anwesend. Von der Firma, in der ich arbeite, kamen alle, die abkömmlich waren, von der Arbeitstelle meiner Frau ebenso, Nachbarn, die ich gar nicht kannte, und andere Menschen, die ich nie mehr wieder sah. Ich wünsche dir von ganzem Herzen, dass solche Menschen auch für dich da sind.

Hilfe einfordern

23. März. 2002 @ verwitwet.de

Dass man eine Belastung für die anderen ist, das Gefühl kenne ich gut! Aber das denkt man nur, das ist nicht so! Man wird erst zur Belastung, wenn man aufgibt. Solange die anderen merken, dass man kämpft, werden sie einem immer hilfreich zur Seite stehen und unterstützen. Das habe ich mittlerweile gelernt, und auch Hilfe einzufordern, wo ich sie brauche. Bislang habe ich sie noch immer erhalten und hatte nie das Gefühl, dass es jemandem lästig war. Aber man muss erst lernen, die Hilfsangebote anzunehmen, am Anfang habe ich mir damit auch schwer getan.

Zugehen auf die Umwelt

14. Feb. 2004 @ verwitwet.de

Wie soll es möglich sein, Außenstehenden zu raten, wie sie mit trauernden Menschen umgehen sollen? Wir, die wir das Gefühl kennen, können das mitunter ja selbst nicht. Du hast also im Kern ganz Recht, das Problem sind wir selbst. Wenn wir (wie vielleicht du) positiv nach außen strahlen, dann hat niemand ein Problem damit. Dann geht man auf dich zu und redet mit dir. Echte Trauerklöße wird man meiden. Es hilft also nichts, Theater spielen ist angesagt, weil, letztendlich sind ganz besonders die mit ihrer Trauer allein, die Hilfe von den Mitmenschen besonders dringend nötig hätten. Aber die sperren sich selbst aus, signalisieren nach außen, dass es schwierig werden könnte, wenn man auf sie eingeht.

Trauerarbeit ist Arbeit an uns selbst. Die Mitmenschen können in diese Welt nicht vordringen. Das schließt m. E. Pastor, Seelenklempner & Co mit ein. Mehr noch. Trauer des Einzelnen ist eine eigene, abgeschlossene Welt, in die selbst andere Trauernde kaum Zugang haben, maximal existiert eine Ahnung, was im Gegenüber vorgeht. Fast alle wollen reden, über den Verlust, über Ängste, Sorgen. Und die Außenstehenden haben (vielleicht einige von denen) den

Gedanken, helfen zu wollen. Da hilft es zu wissen, dass es nicht weiter schlimm ist, wenn ein Trauernder angesprochen wird. Der Rest – das Umgehen damit, das Zugehen auf die Umwelt – das muss aus uns kommen. Und das Wichtigste in meinen Augen: Jede(r) von uns muss dies erkennen, dass es an uns liegt, wie und ob es weiter geht.

Sie hielt mich die ganze Zeit

23. Okt. 2003 @ verwitwet.de

Mein Mann starb im Auto auf einer Straße in der nächstgelegenen Stadt an einem geplatzten Gehirnaneurysma. Ich war nicht bei ihm. Ich habe diese Stelle gemieden wie die Pest, ich traute mich nicht, auch nur daran vorbei zu fahren. Ich machte immer einen Riesenbogen drum herum. An seinem ersten Todestag kam abends meine beste Freundin und sagte: »Ich möchte mit dir spazieren gehen.« Ich stieg zu ihr ins Auto und sie fuhr mit mir in jene Stadt. Ich ahnte, was sie vorhatte, und mein Adrenalinspiegel befand sich im Unendlichen. Wir parkten am Bahnhof, sie hakte mich ein und führte mich genau den Weg, die Straße entlang, der der letzte bewusste Weg meines Mannes war. Sie hakte mich ein, hielt meine Hand ganz fest und sagte leise »Erzähl …« – Ich fing stockend an zu erzählen, wie alles damals gewesen war, ich weinte und erzählte, sie weinte und hörte zu und hielt unaufhörlich meine Hand, hielt meine Seele. An der bewussten Stelle angekommen, nahm sie mich in den Arm, hielt mich ganz fest, und wir beide weinten sehr, ich um meinen Mann, sie um ihren Freund. Sie kramte eine weiße Rose aus ihrer Tasche mit einer schwarzen Schleife, auf die sie geschrieben hatte: »Wir vermissen dich«. Wir banden sie genau an der Stelle an einen Zaun, hielten uns schweigend im Arm, in Gedanken an meinen Mann unendlich nah. Nach einer Weile führte sie mich langsam zurück Richtung Auto, wir setzten uns auf eine Bank auf dem Bahnhofsvorplatz, es war sternenklar, mittlerweile 23.50 Uhr (etwa der Todeszeitpunkt), sie zauberte eine Thermoskanne mit alkoholfreiem Glühwein hervor und zwei Becher, wir saßen eng beieinander auf dieser Bank, in dieser kalten Nacht, tranken Glühwein, schauten in den Himmel, sprachen von meinem Mann und mussten über uns selber lachen, wie wir da saßen. Selten war mir ein Mensch so nah wie sie damals. Nach einiger Zeit brachte sie mich wieder nach Hause.

Niemals – und wenn ich 100 werde – vergesse ich ihr, was sie in jener Nacht für mich getan hat, trotz all der Trauer und Angst, die sie selber hatte. Sie führte mich behutsam hinein in diese grauenhafte Situation von damals, ging mit mir hindurch und führte mich behutsam wieder hinaus. Und während der ganzen Zeit hielt sie mich, hielt mit mir meine abgrundtiefe Trauer und meinen Schmerz aus.

Weg durch die Vergangenheit

19. Februar 2003 @ verwitwet.de

Ich hatte das Glück, einen Trauergesprächskreis in meiner Nähe zu haben, wo man unter professioneller Anleitung über Gefühle und Gedanken sprechen konnte. Da meine Frau nicht plötzlich, sondern nach zweimonatiger Krankheit im Krankenhaus gestorben war und ich sie während der ganzen Zeit begleitet hatte, hatte ich den Wunsch, noch einmal ins und durchs Krankenhaus zu gehen. Ich hatte allerdings Angst, ob ich es schaffen würde, den Weg durch die Vergangenheit zu machen. Die Mitglieder des Trauergesprächskreises ermunterten mich aber dazu, und ein Freund hat mich begleitet.

Erst nach dieser Reise an die Orte der Erinnerung konnte ich mit der Verarbeitung des Geschehenen beginnen. Bis zu diesem Zeitpunkt hatte ich immer das Gefühl, es ginge mir täglich schlechter, danach merkte ich zum ersten Mal, dass es auch wieder bergauf gehen kann.

Befreiung

6. Dez. 2001 @ verwitwet.de

Ich habe mich auch immer energieloser, farbloser, gefühlloser gefühlt, bis alles (angeregt durch ein Seminar) aus mir herausgebrochen ist, all der Kummer, der Schmerz und vor allem auch die negativen Gefühle wie Wut und Aggression, die mein Verstand mir vorher verboten hatte. Und so weh das auch getan hat, so sehr hat es mich auch befreit. Bei mir ist plötzlich ganz viel von dem Druck auf der Brust verschwunden, und ich habe das Gefühl, ich lebe wieder!!! Zwar manchmal mit Schmerzen, Leid, Wut usw., aber eben auch wieder mit Spaß und Glück. Dabei geholfen hat mir – neben meinem eigenen Mut, mich darauf einzulassen – aber auch professionelle Hilfe von einem Therapeuten. Das kann ich Dir nur empfehlen: Da ist jemand, der sich nur auf Dich konzentriert und nur dafür da ist, Dir gut zu sein.

In Gemeinschaft

6. März 2003 @ verwitwet.de

War heute das erste Mal in einer Selbsthilfegruppe und bin so was von positiv überrascht, dass ich es gar nicht richtig ausdrücken kann. Um ehrlich zu sein, ich bin mit sehr gemischten Gefühlen dorthin gefahren. Auf der einen Seite war ich total froh und neugierig, einige der Menschen, die mir hier so sehr geholfen haben, persönlich kennen zu lernen. Andererseits hatte ich voll die Panik vor dem, was mich dort erwarten würde. Gedanken wie »Was machen die da, heulen die die ganze Zeit, oder meditieren sogar?« gingen mir immer wieder durch den Kopf.

Jetzt, wo ich da war, muss ich über diese blöden Gedanken nur noch lachen. Es war einfach nur schön: Man sitzt in gemütlicher Runde, trinkt 'nen Kaffee, redet so über dies und das und fühlt sich auch gleich verstanden. Man muss nicht alles bis ins Detail beschreiben, wenige Worte reichen, denn alle dort sprechen die gleiche Sprache. Ich kann es nur jedem raten, der die gleichen Zweifel hat. Es tut einfach nur gut.

Ich bin zwar stark, habe in der kurzen Zeit, in der ich alleine bin, schon viel geschafft, aber in der Gemeinschaft wird man noch stärker.

Begegnungen

4. Aug. 2002 @ verwitwet.de

Es war wieder einmal eine jener Begegnungen in eurem Kreis, bei denen ich mich einfach »zu Hause« gefühlt habe und die mich in dieser Zeit einfach vergessen lassen, wie schwer die letzten Monate für uns waren. Es sind Stunden, in denen ich wieder so ausgelassen und fröhlich sein kann wie früher. Und es sind Stunden, in denen ich das Gefühl habe, wieder zu leben und dass mein Leben doch nicht sinnlos geworden ist! Dass es zwar anders geworden ist, als ich mir das gewünscht hätte, aber dass es dennoch schön sein kann.

Erfahrungen mit Kur

5. Febr. 2003 @ verwitwet.de

Ich war letztes Jahr für drei Wochen zur Kur in Murnau. Ich wollte einfach nur weg, nicht mehr funktionieren müssen und mal weinen können. Keine Haltung bewahren müssen. Und ich wollte Ruhe haben, zum Nachdenken und Kräfte sammeln für die Zukunft.

Es war meine erste Kur und ich war zufrieden, habe bekommen, was ich wollte.

Diese Konfrontation hat mir geholfen

6.Febr. 2003 @ verwitwet.de

Ich habe die allerbesten Erfahrungen mit einer Kur gemacht. Als mein Mann 1999 ganz plötzlich verstarb (Sekundentod), merkte ich sehr schnell, dass ich ohne professionelle Hilfe aus diesem Tal nicht herauskomme. Ich war in einer Psychosomatischen Fachklinik in Bad Hersfeld. Ich kann nur sagen, es war alles o.k., natürlich muss man mitarbeiten. Ich kann mich nicht hinstellen und denken, die anderen sollen jetzt mal machen, damit es mir bald wieder gut geht. Es war manchmal hart, wenn man von sich erzählen sollte und die Probleme der anderen mitanhören. Aber genau diese Konfrontation hat mir geholfen, wieder Licht am Ende des Tunnels zu sehen.

Vater-Kind-Kur

11. Juni 2004 @ verwitwet.de

Ich werde Ende August mit meinen zwei Jungs (acht und fünf) eine VaKiKu machen. Habe natürlich auch ein bisschen Sorgen, dass ich da als einziger Mann lande. Aber ich hab mich beraten lassen – und ein recht großes Haus ausgesucht. Die Beraterin meinte, dass da in der Regel schon auch mal Männer sind.

Die Genehmigung durch meine Krankenkasse war ziemlich unproblematisch. Ob es daran lag, dass ich beraten wurde oder ob es der Mitleidsbonus war, weiß ich nicht. Auf jeden Fall musste ich nicht widersprechen, drängeln o.ä. – es wurde einfach so genehmigt.

Soll ich eine Therapie machen?

11. Sept. 2003 @ verwitwet.de

Jetzt bin ich an einem Punkt, wo ich Euren Rat benötige. Zurzeit habe ich starke Probleme mit der Trauerbewältigung. Mein Mann ist vor einem halben Jahr plötzlich verstorben. Meine Oma ist ihm kurz darauf gefolgt. Nun habe ich erfahren, dass ich auch noch meinen Daddy verlieren werde. Ich kann einfach nicht mehr.

Freunde haben mir empfohlen, eine Therapie zu machen, um mit diesen ganzen Ereignissen fertig zu werden und um genügend Kraft zu haben, meinen Daddy sterben zu sehen. Hat irgendjemand mit einer Therapie Erfahrung? Bitte melden!

Ein paar praktische Tipps

28. Juli 2003 @ verwitwet.de

Man kann tatsächlich einfach zu einem Psychotherapeuten gehen (auf dem Praxisschild steht: Psychologischer Psychotherapeut) und sich einen Termin geben lassen, eine Überweisung durch einen Arzt ist nicht mehr nötig.

Es gibt zurzeit grundsätzlich drei von der Krankenkasse bezahlte Therapieverfahren: Die Verhaltenstherapie, die psychoanalytische Richtung und die tiefenpsychologisch fundierte Psychotherapie.

Gute Psychologen findet man m. E. nur durch Ausprobieren. Du hast jeweils fünf »probatorische« Sitzungen. Das heißt, dass die Krankenkasse die ersten fünf Sitzungen bei einem Therapeuten auf jeden Fall bezahlen muss. – Ich hoffe, ich konnte dir ein wenig helfen.

Es hat mir geholfen zu reden

14. Sept. 2003 @ verwitwet.de

Auch ich habe mich nach dem Unfalltod meines Mannes sehr schnell entschlossen, eine Therapie zu machen, und ich bin sehr froh darüber. Es hat mir sehr geholfen zu reden, habe viele Tipps bekommen, die mir selbst und auch im Umgang mit meinen Kindern sehr geholfen haben. Nach etwa einem Jahr habe ich kürzlich meine Therapie beendet, da ich mich inzwischen stark genug fühle, mit all dem umzugehen und zu leben. Was mir natürlich auch sehr geholfen hat, war die Geborgenheit und Hilfe, die ich in meinem sozialen Umfeld (Familie, Freunde, Nachbarn) erfahren durfte. Auch die Tatsache, dass ich all diesen Menschen zeigen konnte, dass ich für Gespräche und Gefühlsäußerungen ihrerseits offen bin, hat uns allen den Umgang miteinander erleichtert und war für alle hilfreich.

Was mich gerettet hat

12. Juli 2002 @ verwitwet.de

Mein Mann ist vor fast drei Jahren an Krebs gestorben. In einem Abschiedsbrief hat er geschrieben, er wünscht mir noch ein schönes Leben. Ich habe das damals nicht verstanden, mein Leben erschien mir völlig zerstört. Ich habe mich in die Arbeit gestürzt, habe nie an mehr als eine Woche im Voraus denken wollen, habe schrecklich gelitten – jeden Morgen bin ich mit dem Satz aufgewacht: Nie wieder. Ich bin immer wieder in Löcher gefallen, meine Trauerlöcher, schwarz und voller Angst und Verzweiflung. Ich versuche mal zu beschreiben, was mich dennoch gerettet hat: meine drei Kinder, meine Schwestern und meine Mutter, die mir die Nestwärme meiner Herkunftsfamilie in Erinnerung brachten, die geduldige Zuwendung meiner Freunde, Nachbarinnen und Nachbarn (auch, wenn sie oft nicht verstehen konnten, was in mir vorgeht).

Ich habe während der Erkrankung meines Mannes eine Therapie mit ihm gemeinsam begonnen, die ich bis heute alleine fortsetze – jetzt kann ich sie langsam beenden – wo ich alle zwei Wochen meine Zweifel, meine Not »anschauen« konnte. Letzten Herbst habe ich begonnen zu experimentieren, neue Erfahrungen zu machen: Habe ein Seminar zur Familienaufstellung besucht, um zu sehen, wie meine unvollständige Familie jetzt aussieht (es war erst einmal erschreckend, dann sehr heilsam im Sinn von Veränderung). Das nächste war ein Tangokurs – nie hätte ich gedacht, dass mir das Tanzen ohne meinen Mann Spaß machen könnte, es war sogar sehr schön, andere Männer zu spüren, sich mit ihnen zu bewegen. Schließlich habe ich im Februar ein Seminar zur Trauerbewältigung (nach Jorgos Canacakis) besucht, das mir erst sehr seltsam erschien (viele Rituale, vieles, was der Verstand nur schwer begreift). Aber irgendwie fühlte ich mich nach diesem Wochenende viel lebendiger als vorher. Danach war ich erst mal drei Wochen auf Mutter-Kind-Kur, als ich zurückkam, bemerkten viele Menschen um mich herum, dass ich mich verändert hätte. Ich fühle mich selbst seitdem sehr lebendig, offen, fast so, als wäre ich wider Erwarten heil aus einem schrecklichen Traum aufgewacht. Ich merke, dass meine Trauer sich verändert hat – sie ist noch da, aber sie bedroht nicht mehr meine gesamte Existenz. Ich habe auch kein schlechtes Gewissen mehr, weil ich lebe und mein Mann tot ist, sondern genieße das schöne Leben, das er mir gewünscht hat. Und zwar viel bewusster als früher, weil ich den Tod so nah kennen gelernt habe, dass mir die Schönheit des Lebens erst deutlich wurde. Es ist zwar ein völlig anderes Leben als das der vielen Ehepaare, die ich kenne, der Komplettfamilien, die ich schon oft beneide. Aber ich lebe mein Leben und ich entscheide darüber, wie viel Schmerz und Trauer mir gut tun. Ich muss nicht mehr in jedes Loch fallen, darf auch mal über dem Boden schweben, mich frei fühlen, mich freuen an meiner neuen Selbstständigkeit.

Noch was fällt mir ein: Bewegung … Ich laufe viel, versuche, meine Lebendigkeit in der Bewegung zu spüren. Was auch noch gut tut: Kontakte suchen zu Leuten mit ähnlicher Erfahrung. Die »Normalen« hatten meinen Kummer sehr schnell über, wollten ihn nicht mehr hören, wurden ungeduldig.

Ratschläge will ich eigentlich keine geben, weil jede/r seinen eigenen Weg suchen muss, aber ich will Mut machen aufzubrechen, irgendetwas zu verändern. Schon um die nächste Kurve kann ein neuer Weg sein …

Sie tut, als sei nichts passiert

13. April 2002 @ verwitwet.de

Wir haben eine Tochter, zehn Jahre alt. Ich komme mit ihrer Reaktion auf den Tod ihres Vaters nicht klar.

Mein Mann ist nach dreijähriger Krankheit gestorben. Und während dieser Zeit musste Lisa miterleben, wie ihr Vater von Tag zu Tag schwächer wurde. Lisa tut nun so, als sei nichts passiert. Sie hat auf der Beerdigung geweint, danach nie mehr. Sie geht nicht mit auf den Friedhof. Es zeigen sich keinerlei Auffälligkeiten bei ihr. Keine Probleme in der Schule, und auch zu Hause ist sie lustig und ständig gut gelaunt. Irgendwie tut mir das weh. Vermisst sie ihren Vater denn gar nicht? Natürlich bin ich auch froh, dass es ihr wohl gut geht, aber ein klein wenig Gefühl könnte sie doch zeigen, oder verlange ich da zu viel von einem Kind? Kurz bevor mein Mann gestorben ist, war ich mit Lisa beim Kinderpsychologen. Er meinte, wir sollten uns keine Gedanken machen, Lisa würde mit der Krankheit und auch mit dem bevorstehenden Tod des Vaters auf ihre Art klar kommen. Aber ich mache mir ständig Sorgen, ob ihre Reaktion normal ist.

(Re) Eine »Krankheit« nicht einreden!

14. April 2002 @ verwitwet.de

Ich bin Halbwaise und lebe mit drei Halbwaisen zusammen, kann also ein wenig zu der anderen Sichtweise beitragen. Ich denke, du solltest aufpassen, dass du Deiner Tochter eine »Krankheit« oder Therapiebedürftigkeit nicht einredest. – JEDER Mensch trauert anders und JEDER Mensch, egal ob groß oder klein, hat ein Recht darauf, seine Trauer auszuleben. Man kann Kindern auch einreden, dass sie falsch trauern. So kann man ihnen lebenslange Probleme bescheren, die dann wirklich einer Therapie bedürfen.

Studien konnten zeigen, dass Halbwaisen keine, aber auch wirklich keine anderen »Karrieren« haben als andere Kinder. Kinder sind sehr viel anpassungsfähiger, als wir es ihnen oft zutrauen. Dies gilt ja auch für Schulwechsel, Umzüge, Familienzuwachs …

Mach Dir also keine zu großen Gedanken, lass Deine Tochter ihr Leben meistern und freu Dich, dass es ihr gut geht.

Ein besonderes Tagebuch

21. März 2004 @ verwitwet.de

Etwa zwei Monate, nachdem mein Mann verstorben war und sich die Versteinerung bei mir gelöst hatte, begann ich am PC ein Tagebuch an meinen Mann zu schreiben. Manchmal schrieb ich mehrmals am Tag; alles, was mich bewegte, schrieb ich ihm.

Nach einem halben Jahr machte ich mit einer Bekannten »unsere« geplante Reise in die Karibik. Wir waren oft dort gewesen, es war unser persönliches Paradies. So nahm ich Abschied von diesem Traumziel. Im Gepäck hatte ich mein auf feinstem Papier gedrucktes Tagebuch. Ich schrieb einen Abschiedsbrief an die Karibik:

»Diese Fahrt mit der AROSA BLUE mache ich aus einem ganz traurigen Anlass. Ich bin jetzt zum neunten Mal hier, doch diesmal ohne meinen geliebten Peter. Er musste mich am 21.09.2002 für immer verlassen, und so fühle ich mich auch.

Es ist jetzt fünf Monate her, doch ich bin untröstlich. Ich brauchte Urlaub, und so floh ich hierher zu dir. Dich noch mal zu sehen, was wir sonst gemeinsam taten, und dir zu erzählen, was geschehen ist. Du kannst mich auch nicht trösten, doch bei dir fühl ich mich wohl.

Alle meine Gedanken und mein ganzer Kummer übergebe ich dir in Form von bedrucktem Papier. Es soll ein symbolischer Abschied sein, meine Gedanken um meinen geliebten Peter für immer in deinen Fluten, auf deinem tiefen Grund.

Wir waren seit 1993 acht mal hier, weil wir dich so wunderschön finden. Die Farben deines Wassers, die Strände, die traumhaften Inseln und die netten Menschen, die hier leben. Du hast uns in deinen Bann geschlagen. Du warst wie unser Traum. Den haben wir 16 Jahre gelebt und du hast neun Jahre dazu gehört.

Begrabe mein Päckchen und verwahre es in deinem tiefsten Innern. Dir gehört ein Teil von unseren Herzen.

Ich werde meinen Lebensweg nun weiter alleine fortsetzen, werde weiter meine Gedanken aufschreiben und meinen Peter weiter lieben und vermissen. Deine dich liebende J.«

In einer lauen Nacht, wir fuhren von Jamaika nach Curacao, an der tiefsten Stelle mitten im Meer übergab ich mein Päckchen den Fluten. Es war wie ein innerer Zwang, aber irgendwie verspürte ich auch eine Erleichterung danach. Ich hatte das warme Gefühl, meinen Schatz heim gebracht zu haben …

Auch heute führe ich dieses Tagebuch weiter. Ich schreibe nun nicht mehr täglich, aber wenn mich das Bedürfnis überkommt, teile ich meinem Mann alles mit, was mich in der letzten Zeit bewegt hat. Es hilft mir bei der Trauerbewältigung noch heute.

(Re) Ich wäre nicht mehr hier ...

21. März 2004 @ verwitwet.de

Ich schreibe kein Tagebuch im eigentlichen Sinn. Aber ich schreibe seit seinem Tod vor 16 Monaten immer dann, wenn ich mit dem Leben oder irgendwelchen Dingen nicht fertig werde, alles auf, auch Sachen, die ich ihm unbedingt sagen will oder vor denen ich Angst habe. Ohne das Schreiben wäre ich nicht mehr hier ... Wenn ich mal ein bis zwei Wochen nichts geschrieben habe, habe ich oft das Gefühl, ich platze. Dann muss ich schreiben. Nachher fühle ich mich besser, obwohl ich manchmal auf eine Antwort warte, wo keine kommen kann.

(Re) Eine Art Überlebenstagebuch

20. März 2004 @ verwitwet.de

In den zwei Jahren der Hirntumorerkrankung meiner Frau habe ich intensiv Tagebuch geschrieben, um meine Gedanken und Gefühle zu sortieren, um gegen die Angst und Panik anzuschreiben: gegen meine Angst vor dem – schon früh absehbaren – Sterben meiner Frau, meiner Angst davor, es alleine nicht zu schaffen, den Kindern nicht gerecht werden zu können. Ich denke, das Schreiben hat mir wirklich geholfen, hat mich ermutigt und mir die Kraft gegeben, meine Frau in der Zeit ihrer Krankheit und des Sterbens zu begleiten.

Auch nach ihrem Tod habe ich – hin und wieder – Einträge ins Tagebuch geschrieben. Im Nachhinein empfinde ich diese Aufzeichnungen fast als eine Art »Überlebenstagebuch«, das mir geholfen hat, nicht zu zerbrechen, mich nach und nach wieder neu zusammenzusetzen.

(Re) Man lebt bewusster ...

24. März 2004 @ verwitwet.de

Mir hat das Tagebuchschreiben sehr geholfen, damals und auch noch heute. Es tut gut, sich alles von der Seele zu schreiben. Und man sollte die Zeilen immer wieder durchlesen, dann sieht man, welche Fortschritte man schon gemacht hat. Eigentlich müsste man die Tage, wo es einigermaßen gut gelaufen ist, unterstreichen, hervorheben; dann ergibt sich im Lauf der Jahre ein Bild von der Tiefe der Trauer und eines von den Höhen und Hoffnungen des Lebens. Da die Trauer immer in Wellen verläuft, stellt man irgendwann fest: Die Tage, in denen ich tief unten war, haben abgenommen, oder der Zeitraum, in dem man sich wieder wohl fühlt, dauert länger an. Mir hat es damals gut getan, nicht nur von den tiefsten Löchern zu schreiben, sondern auch von den Tagen, an denen ich wieder glücklich sein konnte.

Wenn man schreibt, lebt man bewusster. Man erlebt das Traurige und Schreckliche zwar noch einmal, kann es aber dadurch besser verarbeiten, und man erlebt ebenso die schönen Seiten des Lebens ein zweites Mal.

Wer die Schattenseite des Lebens nicht kennt, kennt auch nicht die Sonnenseite. Schatten und Licht bedingen einander. Ich lerne die schönen Tage mehr zu schätzen. Ich bin heute glücklicher als die Menschen, die alles – die Gesundheit, ihre Ehe – für normal und selbstverständlich halten. Wissen wir doch alle: dem ist nicht so.

12 Allein leben und neue Partnerschaft

Das Thema dieses Kapitels wird unter jung Verwitweten manchmal – so auch in der Community von verwitwet.de – als ein wenig heikel empfunden und daher auch eher kontrovers diskutiert. Dies zeigt sich etwa daran, dass auf der Homepage einmal laut darüber nachgedacht wurde, ob es neben dem Forum »Neue Partnerschaft« nicht auch ein eigenes Forum »Allein weiter leben« geben sollte. Oder an der Kritik von Community-Mitgliedern an manchen Presseschlagzeilen über verwitwet.de, die den Eindruck erwecken könnten, die Homepage sei vor allem eine Art Kontaktbörse für Verwitwete. Dies leiste zudem der – zumindest einseitigen – Sichtweise Vorschub, die »richtige« Trauerverarbeitung müsse möglichst bald und geradewegs in eine neue Partnerschaft führen.

Einig scheint man sich beim Thema neue Partnerschaft über zwei Dinge zu sein: Eine neue Liebe / Beziehung / Partnerschaft lässt sich kaum »planen«, und doch muss man vielleicht nicht ausschließen, dass einem so etwas wieder (manchmal sogar früher als erwartet) passieren könnte. Einigkeit besteht auch darüber, dass es nicht gut sein kann (wenn auch verständlich), sich aus Einsamkeit, einfach weil man das Alleinsein nicht mehr aushalten kann, in eine neue Beziehung zu flüchten. Man sollte zuvor, so ein häufiger Rat, allein leben *können*, sollte in seinem neuen Leben »angekommen« sein. Tatsächlich spricht vieles dafür, dass Trauernde erst dann wieder (das heißt aber auch: *dass* sie dann oft wieder) zu einer neuen Beziehung bzw. Partnerschaft bereit und fähig sind. Ein weiterer wichtiger Aspekt sind natürlich die Kinder (des einen Partners – oder beider Partner) und deren Bedürfnisse. Zwei Familien lassen sich nicht einfach zusammenlegen. So bietet auch das Thema dieses abschließenden Kapitels Anstöße zum Nachdenken und zum Erfahrungsaustausch.

Ist es zu früh?

30. Mai 2002 @ verwitwet.de

Udo ist jetzt knapp sieben Monate nicht mehr bei mir, und er fehlt mir von Tag zu Tag mehr. ABER: Ich habe jemanden kennen gelernt. Da war noch nichts, aber es geht in die Richtung. Ich habe auf der einen Seite ein schlechtes Gewissen und auch Angst davor. Ist es zu früh? Wie reagieren die Nachbarn? Wie reagiere ich selbst darauf? Auf der anderen Seite tut es verdammt gut.

Was meint ihr dazu? Ja, ich weiß, das muss jeder für sich selbst entscheiden. Aber ich bin so durcheinander. Ich bin die ganze Zeit am Weinen, obwohl ich mich doch gut fühlen sollte.

Was habt ihr für Erfahrungen gemacht? Oder bin ich die Einzige, die schon so früh wieder Gefühle zulassen möchte?

Zwei Seelen in mir

5. Mai 2002 @ verwitwet.de

Es ist nun schon fast sieben Jahre her, dass ich meinen Mann verloren habe. Zusammen mit meinen Kindern meistere ich den Alltag recht gut. Wir sind in dieser Zeit fest zusammengewachsen. Einsamkeit kenne ich eigentlich nicht, da ich aktiv in der Selbsthilfegruppe der Alleinerziehenden arbeite und dadurch viele Kontakte gefunden habe. Einzig und allein die Suche nach einem neuen Partner gestaltet sich schwierig, da ich einer neuen Beziehung überhaupt keine Chance gebe. Ich vergleiche ständig mit meinem verstorbenen Mann, mit dem ich eine sehr glückliche Beziehung geführt habe. Manchmal denke ich auch, dass ich vielleicht schon zu lange alleine bin und das Alleinsein ja auch gewisse Vorteile mit sich bringt. Irgendwie wohnen zwei Seelen in meinem Körper: Ich möchte nicht den Rest meines Lebens ohne Partner verbringen, aber ich habe auch nicht den Mut zu einem Neubeginn. – Neues macht Angst.

Bist du immer noch allein?

31. Dez. 2003 @ verwitwet.de

Mein Mann starb vor fast drei Jahren an Krebs. Ich vermisse ihn immer noch sehr und bin sicher noch nicht zu einer neuen Beziehung bereit. Für alle Freunde und Verwandte ist aber so viel Zeit abgelaufen, dass ich immer wieder zu hören bekomme: Du bist ja immer noch nicht darüber hinweg! oder: Bist Du immer noch alleine? Das klingt wie eine Anklage. Bin ich denn so abnormal?

(Re) Ist allein leben kein weiterleben?

31. Dez. 2003 @ verwitwet.de

Mein Mann starb vor etwas mehr als 13 Monaten. Wie sicherlich viele hier habe ich den Satz »du bist noch jung, du findest einen anderen« mehr als einmal gehört. Als Trost gemeint, dabei an Unverschämtheit kaum zu überbieten.

Für mich einen neuen Partner zu wünschen kann verschiedene Gründe haben, sicherlich ist Sorge um mich ein Motiv. Daneben vermute ich, es würde meine Umgebung schlicht entlasten, wenn ich wieder »versorgt« wäre, dann könnte doch alles wieder in Ordnung sein, spätestens dann sollte ich doch »darüber hinweg sein«.

Und es ist wohl so, dass es dem Rest der Welt besser ins Bild passen möchte. Zweisam ist »normal«, alleine kann nicht gut sein, wer kann das wollen? Ist alleine leben denn kein weiterleben?

Es wäre gelogen, wenn ich behaupten würde, ich hätte nicht meine Sehnsüchte und meine Bedürftigkeiten, keine Wünsche, keine Fantasien. Doch die allermeiste Zeit kann ich mir die Erfüllung meiner Träume mit keinem anderen als meinem Liebsten vorfühlen. Vieles vermissen muss nicht bedeuten, gar nichts zu haben. Eine Reihe der von mir geliebten, der mir wichtigen Momente gibt es für mich, zwar neu, anders, nicht so schön, aber auch schön. Kontakt, Nähe, Spaß, Hilfe, Austausch, Auseinandersetzung. Andere gibt es nicht, alltäglich miteinander sein, belanglos und unangestrengt sein, gemeinsam schweigen. Berührungen, Zärtlichkeit, Sex, meine Hand in seiner Hand, mein Kopf an seiner Schulter.

So ist das, damit kann und will ich leben. Was ich aber überhaupt nicht brauchen kann und haben will, ist irgendein Druck von außen, eine Wertung meines Lebens, es ist schwierig genug.

Plötzlich stelle ich eine Distanz fest

7. März 2004 @ verwitwet.de

Ich habe einen Freund, wir leben mit all den kleinen und großen Freuden und Kümmernissen in einer Wochenendbeziehung, die ich mit meiner Ehe nicht gleichstellen kann.

Plötzlich stelle ich eine Distanz fest, der Mitleidsbonus wandelt sich in einem so kleinen Dorf in Gehässigkeiten. Freunde, die mir sehr geholfen haben, wenden sich schweigend ab usw. Ich muss wohl sehr naiv gewesen sein zu glauben, dass ein kleiner Schritt in Richtung Normalität eine öffentliche Mitfreude auslöst. Eine unangenehme Kettenreaktion, dieser Entzug von mehreren Seiten: Gute Freunde ziehen sich zurück, Alleinerziehende auch (denn die hat ja einen ...), wirtschaftliche Abhängigkeit von Verwandten – und viel Gemunkel. Vielleicht geht meine Fantasie mit mir durch, aber so stelle ich mir Mobbing vor.

(Re) So benimmt sich eine Witwe nicht!

8. März 2004 @ verwitwet.de

Ich habe vor zehn Jahren die Erfahrung gemacht, dass »gute Freunde«, Eltern und Geschwister es nicht nachvollziehen konnten, dass ich meinen Weg weiter gegangen bin. Die haben allen Ernstes erwartet, dass ich mit 36 Jahren aufhöre (gut) weiterzuleben, so wie es dann eben für einen möglich ist.

Ich hörte von meiner Mutter: So benimmt man sich als Witwe nicht! Die Konsequenz war für mich glasklar. Ich habe alle – wirklich alle – Kontakte entweder stark eingeschränkt oder abgebrochen, meine Mutter gehört dazu. Habe also nicht nur meinen Mann verloren, auch vom Umfeld blieb nicht viel. Ich habe neue Leute getroffen, und das hat mir sehr geholfen und hilft mir immer noch.

Geht das: Verbundenheit mit verstorbenem Partner und neue Beziehung?

27. Nov. 2002 @ verwitwet.de

In den ersten beiden Jahren nach dem Tod meiner Frau hätte ich mir eine neue Partnerschaft kaum vorstellen können. Dann spürte ich zunehmend, wie sehr ich Nähe und Zärtlichkeit vermisste, die Vertrautheit in einer Beziehung, und ich begann meine Fühler auszustrecken. Noch nicht real, so weit war ich noch nicht, sondern per Internet. Es folgten einige schöne Mailfreundschaften. So hatte ich nun beides, was mir wichtig war: Sie hatte weiterhin ihren Platz in meinem Leben, und ich hatte einen ersten Schritt zu einer neuen Beziehung getan. Der zweite Schritt war eine aus einem Mailkontakt entstandene »richtige« Beziehung, doch wir wohnten weit auseinander, sahen uns manchmal nur einmal im Monat.

Vor zwei Jahren lernte ich (ganz in der Nähe) eine Frau kennen, die ich heute wirklich liebe und mit der ich zusammen bleiben möchte. Trotzdem ist für mich auch die Verbindung zu meiner verstorbenen Frau wichtig geblieben, ich möchte auch für sie weiterhin »Zeit haben« und einen Platz in meinem Leben. Manchmal nervt es meine Freundin, wenn ich von ihr rede, wenn sie merkt, wie präsent meine verstorbene Frau für mich immer noch ist.

Noch bin ich mir unsicher, ob ich später, vielleicht, wenn auch mein Sohn von zu Hause ausgezogen ist, mit meiner Freundin zusammen ziehen möchte, ich befürchte immer, dass es mir dann »zu eng« wird. Hinzu kommt: Man gewöhnt sich ja auch an das Alleinleben. Es hat viele schöne Seiten.

(Re) Ein neues Kapitel in deinem Leben

27. Nov. 2002 @ verwitwet.de

Grundsätzlich meine ich, dass ein neuer Partner deine Erinnerung an deinen verstorbenen Partner akzeptieren muss. Andererseits, deine neue Partnerin hat auch Respekt und Liebe verdient und ist eben ein neues Kapitel in deinem / eurem Leben.

Mir ist es am Anfang passiert, dass eine neue Partnerin sämtliche Erinnerungen an meine Frau beseitigen wollte. Als ich mich weigerte, fühlte sie sich durch die »Anwesenheit« meiner verstorbenen Frau erdrückt. Du kannst dir denken, dass wir nicht mehr lange zusammen waren.

Gewisse Rituale, die man mit dem verstorbenen Partner gepflegt hat, sollte man aber nicht in eine neue Partnerschaft mitnehmen. Eher neue, eigene Rituale erfinden, die man dann mit dem neuen Partner leben kann.

Versuche einfach mal, ein wenig diskreter deine Erinnerungen zu pflegen und schau dann, ob es deine Partnerin weiter nervt. Wenn ja, dann musst du eine Entscheidung treffen.

Diese Beziehung darf nicht gut sein!

2. Jan. 2004 @ verwitwet.de

Mein Ehemann ist vor eineinhalb Jahren an Krebs gestorben. Über vier Jahre lang haben wir gemeinsam gegen den Tumor gekämpft. Mein Mann hatte große Angst vor dem Sterben und davor, mich zu verlieren. Einmal sprachen wir über das Thema, dass er sterben könnte. Dabei meinte er, er würde es nie ertragen, wenn ich einmal einen anderen Mann an meiner Seite hätte. Er sagte: Du bist meine Frau und ich will, dass sich daran nie etwas ändert.

Als er gestorben war, konnte ich mir auch nicht vorstellen jemals wieder zu lieben. Aber nach einigen Monaten öffneten sich meine Gedanken doch für diese Möglichkeit. Dazu kam der Wunsch, dass ich mit 32 Jahren fast noch mein ganzes Leben vor mir habe und es nicht alleine verbringen möchte. Ich habe keine Kinder, und es war immer mein Wunsch, eine Familie zu haben.

Wieder ein paar Monate später begegnete ich dann Michael, den ich nun von ganzem Herzen liebe. Es passierte plötzlich und unerwartet – auf einmal flogen die Schmetterlinge in meinem Bauch herum …

Nun sind wir seit vier Monaten zusammen, haben wirklich eine schöne Zeit – nur getrübt durch Streitigkeiten, die immer ich anfange. Ich nehme irgendeine Kleinigkeit, die nicht ganz rund läuft, und bausche sie zu einem riesigen Problem auf. Ich kann in dem Moment nichts Positives mehr an unserer Beziehung sehen, denke an Trennung.

Besonders auffällig ist, dass ich solchen Streit immer nach besonders schönen Phasen beginne. Bis vor kurzem war mir dieses Schema überhaupt nicht bewusst. Ich habe festgestellt, dass ich ein schlechtes Gewissen Julian gegenüber habe! Ich muss immer wieder daran denken, dass ich Julian mit meiner Entscheidung für Michael wehgetan haben könnte. Aus diesem schlechten Gewissen heraus scheint mir manchmal der Teufel ins Ohr zu flüstern: Diese Beziehung darf gar nicht gut sein! Und so suche ich Streit, um das Positive ins Negative zu verwandeln. Hat jemand mit diesen Gefühlen Erfahrung? Wie geht man damit um?

(Re) Lebe dein Leben

4. Januar 2004 @ verwitwet.de

Wäre das Liebe, wenn dein Mann von dir verlangt, allein zu bleiben, wenn er gestorben ist? Meiner Meinung nach ist so ein Wunsch grenzenloser Egoismus. Du bist nicht tot, Julian ist tot, lebe dein Leben so, wie es dir gut tut.

Ich bin länger als ein Jahr allein, mein Mann war lange krank. Kurz bevor er gestorben ist, hat er zu mir gesagt: Bleib nicht allein, das passt nicht zu dir. Damit hatte er Recht. Keiner kannte mich so gut wie er. Ich bin zwar noch nicht auf der Suche nach jemandem, aber wenn mich jemand finden würde, werde ich an die Worte meines Mannes denken und schauen, dass ich unbeschwert in eine neue Beziehung gehen kann. Ich wünsch dir viel Glück.

Ist alles ein wenig kompliziert ...

10. Mai 2002 @ verwitwet.de

Fast zwei Jahre nach Franks Tod fing ich wieder an zu leben. War nicht einfach. Nächtelang bin ich in Chats gewesen, nur um nicht ins Bett zu müssen. Nun gibt es seit ein paar Wochen wieder einen Mann in meinem Leben. Naja, nicht so richtig, ist alles ein wenig kompliziert. Wir haben uns im Chat kennen gelernt. Anfangs haben wir nur geschrieben und dann auch telefoniert. Tat unheimlich gut zu wissen, da ist jemand, der an dich denkt. Dann hat er uns besucht – Chaos hoch zehn! Meine Kleine wehrt sich mit Händen und Füßen gegen ihn. Er gibt sich so viel Mühe mit ihr, aber nichts kommt an. Ich dachte, ich könnte wieder lieben, doch die erste Nacht war der reinste Horror. Ich lag in seinen Armen und hab nur geweint. Er hat so viel Geduld mit uns allen, aber ich zieh mich nur weiter zurück ... Das Gefühl, Frank betrogen zu haben, frisst unablässig an mir. Ich mag Nobby sehr, aber irgendetwas in mir sagt, dass es falsch ist. Fühle mich so verdammt allein, und wenn Nobby nicht da ist, dann hab ich solche Sehnsucht nach ihm. Doch ist er da, muss ich mich selbst überwinden, ihn in die Arme zu nehmen. Ich weiß nicht mehr weiter! Was soll ich nur tun? Soll ich es beenden bevor es richtig anfing?

(Re) Ein neuer Lebensabschnitt

2. Juni 2002 @ verwitwet.de

Hat sich viel getan in den letzten Wochen. Wir haben viel geredet über uns, über die Kinder und wie es weiter gehen soll, und auch über Frank. Er wird immer in meinem Herzen bleiben. Das Leben mit Frank war wunderschön, aber es ist vorbei, was bleibt, sind die Erinnerungen, die einem niemand mehr nehmen kann. Ein neuer Lebensabschnitt liegt vor mir und meinen Kindern. Zurzeit geht Nobby den Weg mit uns – wie lange, kann niemand vorher sagen. Eigentlich wollte Nobby nur vier Tage bei uns bleiben, aber dann passierte ein kleiner Unfall mit den Inlinern, und nun hat er die Hand im Gips und kann nicht nach Hause fahren.

Meiner Kleinen, die sich ja mit Händen und Füßen gegen Nobby gewehrt hatte, konnte nichts Besseres passieren, als das er längere Zeit bei uns lebt. Ich denke, nun hat sie begriffen, dass Nobby mich ihr nicht weg nimmt und dass es auch sehr viele Vorteile hat, eine glückliche Mutter zu haben.

Er hat auch drei Kinder

1. Nov. 2003 @ verwitwet.de

Anfang dieses Jahres habe ich (verwitwet seit vier Jahren, drei Kinder zwischen 22 und zwölf) einen Witwer kennen gelernt, den ich sehr mag und mit dem ich inzwischen eine feste Beziehung habe. Er hat auch drei Kinder (zwischen 15 und 20). Allerdings wohnt er 120 km entfernt und arbeitet zudem unter der Woche auswärts (dann versorgt die Oma die Kids) – es ist also eine Beziehung, die viel Engagement und Fahrkilometer erfordert. Uns ist klar, dass wir unsere Familien nicht einfach zusammenlegen können und wollen, sondern dass wir erst mal eine Übergangslösung anstreben. Schließlich sind unsere Kinder keine Kleinkinder mehr, die mit den Eltern irgendwohin ziehen würden, und wir selber haben noch viel miteinander zu klären.

So verbringen wir zumindest Teile der Wochenenden gemeinsam (bei jeweils einem von uns – organisatorisch nicht immer einfach) und treffen uns auch ab und zu unter der Woche.

Die älteren Kinder sind eher neutral, und meine Jüngste (zwölf) versteht sich mit ihm noch am ehesten (wir waren auch mit ihr im Urlaub). Seine jüngste Tochter (15) wehrt sich aber vehement gegen mich und macht ihrem Vater große Vorwürfe. Das ist für ihn oft belastend. Ich versuche, sehr behutsam und zurückhaltend Kontakt zu ihr zu bekommen, was sie derzeit aber völlig ablehnt. Für meinen Freund und mich ist das oft nicht leicht, wir sind manchmal sehr zerrissen zwischen unserer Liebe und unserer Liebe und Verantwortung für unsere »Rest-Familien«. Geht es jemandem ähnlich? Welche Ideen, Erfahrungen habt ihr?

(Re) Vor vollendete Tatsachen stellen?

5. Nov. 2003 @ verwitwet.de

Ich finde es auch äußerst wichtig, dass sich ein neuer Partner den Kindern nicht aufdrängt. Ich denke, es ist wichtig, sich neben aller Freude über den neuen Partner die Situation der Kinder zu vergegenwärtigen. Der Mensch, der uns jetzt nahe steht, dem wir vertrauen können, ist für unsere Kinder ein Fremder.

Ich denke, wenn die Kinder spüren, dass sie mir trotz neuem Partner das Wichtigste in meinem Leben sind, können sie meinen Freund besser akzeptieren. Ich fühle mich auch gegenüber meinem verstorbenen Mann verpflichtet, meine Entscheidungen zum Wohl der Kinder zu fällen, sodass es uns allen gut geht. Es stört mich, wenn immer wieder mal betont wird, dass Kinder sich mit der neuen Situation arrangieren müssen und wir Erwachsene ein Recht auf neue Partnerschaft haben. Ja, wir haben dieses Recht, aber haben wir auch das Recht, das Leben unserer Kinder einfach umzukrempeln? Sie, egal ob sie wollen oder nicht, vor vollendete Tatsachen zu stellen?

(Re) Ich entscheide, nicht die Kinder

6. Nov. 2003 @ verwitwet.de

Die Auswahl eines neuen (Lebens-)Partners ist einzig und allein die Entscheidung des Erwachsenen. Er/Sie alleine muss feststellen, ob die neue Beziehung funktioniert oder nicht. Wir überfordern doch unsere Kinder, wenn wir ihnen ein Recht zur Mitentscheidung geben. Kinder brauchen – wie in vielen Dingen – einen klaren Rahmen. Und der lautet in diesem Fall: Ich entscheide, wer die nächsten 20, 30 oder 40 Jahre mit mir zusammenlebt, und nicht meine Kinder.

Wenn beim Kind der Eindruck entsteht, es könne mitentscheiden, hat die neue Beziehung eigentlich schon verloren. Es gibt immer etwas am neuen Partner auszusetzen: die Schuhe zu groß, riecht anders, ist zu streng usw. Wenn von Anfang an klar ist, dass es nicht mitentscheiden kann, wird es sich arrangieren, und auf einmal ist der neue Partner netter als gedacht.

(Re) Alles aufgeben – weil Mama zu ihrem Freund ziehen will?

6. Nov. 2003 @ verwitwet.de

Natürlich suche ICH mir meinen Lebenspartner selbst aus, doch wenn die Kinder schon fast erwachsen sind wie meine (14 + 17), haben sie durchaus ein Mitspracherecht. Nicht in Bezug auf die Person, sondern auf die Änderung von Lebensumständen wie Zusammenziehen, Ortswechsel o. ä.

Sie würden wegen eines ihnen fremden Menschen alles, was ihnen hier wichtig ist, aufgeben müssen, nur weil Mama zu ihrem Freund ziehen will.

Das müssen kleinere Kinder auch, schon klar, aber mit ihnen kann man die Situation ganz anders angehen. Mit so großen Kindern kann man das einfach nicht mehr machen. Sie lösen sich vom Elternhaus, gehen bald ihren eigenen Weg, da werde ich sie ganz sicher nicht jetzt noch mit mehr oder weniger Druck verpflanzen oder ihnen andere Dinge überbügeln, schon gar nicht nach dem Tod ihres Vaters. Ich will ihnen psychisch einfach nicht noch mehr zumuten, als sie ohnehin ertragen mussten / müssen.

Etwas Neues entsteht

14. Februar 2002 @ verwitwet.de

Meine Frau ist nach über zwanzigjähriger liebevoller Ehe vor sieben Monaten gestorben. Das war der absolute Absturz ins Nichts, auch wenn die Kinder und ich aufgrund der Art der Krankheit schon einige Jahre, zumindest Monate, Zeit gehabt hatten, uns auf den Abschied vorzubereiten.

Wenn ich die damalige Situation mit heute vergleiche, muss ich zugeben, dass es im Großen und Ganzen aufwärts gegangen ist – wenn auch nicht linear, sondern wellenförmig, mit viel Auf und Ab.

Mit Schuld an dieser Veränderung hat (m)eine neue Freundin, die ich durch eine Anzeige kennen gelernt habe. Wir wohnen 400 km voneinander entfernt und sehen uns mehrmals im Monat auf irgendeine Weise. Dazwischen liegt Einsamkeit; aber es gibt das Telefon, Briefe, das Internet, SMS, viele kleine Kontaktmöglichkeiten, die, wie auch die Wochenenden selbst, trösten und aufmuntern, manchmal sogar wieder glücklich machen können.

Meine Freundin hat ihren ersten Mann auch und durch eine ähnliche Krankheit verloren; die zweite Ehe ging nach vielen Jahren endgültig schief. Zwei schwer zu bewältigende Trennungen also – und drei Kinder; ich habe zwei.

Klar machen sollte man sich (und den Kindern), dass der neue Partner/die neue Partnerin die verstorbene Person nicht ersetzen soll, kann und wird. Sondern dass hier etwas Neues entsteht oder zumindest entstehen könnte, etwas, das das Gewesene mit all seinen Erinnerungen und Werten nicht auslöschen oder verdrängen möchte. Gerade größere Kinder verstehen das. Wir alle sind durch das Schicksal in schreckliche Tiefen geworfen worden; irgendwann ist es uns dann auch wieder neue Höhenflüge schuldig. Wir müssen aber den Mut haben, das Geschenk anzunehmen.

Wann es so weit ist? Das kann bei jedem verschieden sein. Mir hat sehr geholfen, dass meine Frau mich nahezu gebeten hat, möglichst bald wieder eine neue Partnerschaft einzugehen. Weil sie mich liebte und kannte und folglich wusste, dass langes Alleinsein nicht gut ist für mich. Dafür bin ich ihr heute noch dankbar.

(Re) Ich war einfach noch nicht bereit

21. Febr. 2002 @ verwitwet.de

Auch ich bin inzwischen in einer neuen Beziehung glücklich – doch ich muss zugeben, es ist nicht die erste seit dem Tod meines Mannes vor knapp dreieinhalb Jahren. Meinen ersten Versuch startete ich bereits sechs Monate nach seinem Tod und fiel unendlich tief. Der zweite Versuch dauerte dann schon was länger (eineinhalb Jahre), aber aus Angst, ihn wieder zu verlieren, habe ich Zuneigung und

Liebe verwechselt, habe mich ausnutzen und verletzen lassen. Ich denke, ich war einfach noch nicht bereit. Deshalb möchte ich jeden warnen, der meint, mit einer neuen Beziehung dem Schmerz über den Tod des geliebten Menschen Herr zu werden. Ich denke, damit belügt man sich selbst UND den neuen Partner. Man sollte ganz klar VOR einer neuen Partnerschaft seine Gefühle sortieren.

Ich liebe meinen Mann bis heute, und jeder, der etwas anderes behauptet, dem kratze ich die Augen aus, aber auch mein jetziger Lebensgefährte weiß, dass es eine andere Liebe ist als die, die ich für ihn empfinde.

Sicher sollte jeder den Mut haben einen Neuanfang zu starten, aber bitte erst dann, wenn wir die Vergangenheit losgelassen haben.

Ich bitte euch: Überstürzt aus lauter Einsamkeit nichts, denn es macht euch sonst nur umso verletzter und trauriger, und das Selbstwertgefühl sinkt rapide. Nach allem, was wir durchgemacht haben, haben wir das dann nicht mehr verdient!

Ich habe jetzt ein anderes Leben

15. Jan. 2002 @ verwitwet.de

Ich bin auch am Anfang in ein tiefes Loch gefallen. Nach ca. eineinhalb Jahren habe ich einen Mann kennen gelernt, geschieden mit zwei Kindern. Ich dachte, das muss es jetzt sein. Endlich wieder so was wie eine Familie, aber Trugschluss – der Mann war ein Idiot. Alles sollte sich nur um ihn drehen, den die böse Frau verlassen hat. Hat dann auch nicht lange gedauert.

Durch Zufall hab ich dann noch einmal jemanden kennen gelernt. Diese Beziehung war von Anfang an gut. Er verstand mich, mit ihm konnte ich über meinen verstorbenen Mann ganz unkompliziert reden. Auch mit meinem Sohn kommt er prima zurecht. Er ist dann nach zwei Monaten bei uns eingezogen. Klappt bis heute wunderbar. Mein Mann ist auch noch ein Gesprächsthema, er steht aber nicht zwischen uns. Ich hab ihn auch nicht vergessen, ich denke oft an ihn, aber ich habe jetzt ein Leben danach, ein anderes Leben.

Gibt es einen richtigen Zeitpunkt?

2. Juni 2004 @ verwitwet.de

In unseren Gesprächen geht es oft um den richtigen Zeitpunkt für eine neue Partnerschaft. Für mich ist inzwischen klar: Den richtigen Zeitpunkt gibt es genauso wenig wie es Regeln für die »richtige« Trauer gibt.

Den ersten Versuch einer neuen Beziehung wagte ich acht Monate nach dem Unfalltod meines Mannes. Er war ebenfalls Witwer, und ich habe viel aus dieser Beziehung gelernt. Von ihm habe ich den Satz gelernt: Du musst erst in deinem neuen Leben ankommen, was nicht heißt, dass du allein dort bleiben musst.

Ich habe damals oft versucht mir einzureden, auch mit einer neuen Liebe im Hintergrund trauern zu können, schließlich war er auch verwitwet. Trotzdem hatte ich einen ganz wichtigen Prozess nicht abgeschlossen: das Loslassen! Und zwar nicht nur den verstorbenen Partner, auch das Leben, das man mit ihm geführt hat.

Nachdem diese Beziehung und ein weiterer Versuch gescheitert sind, habe ich mich auf meine eigenen Füße gestellt, habe mich auf den Weg gemacht in mein neues Leben, allein mit meinen Töchtern – und ohne Mann! Habe ein intensives Gespräch mit meinem verstorbenen Mann geführt, dass auch er mich loslassen und mir vertrauen muss, dass ich es allein schaffe. Danach ging es mir deutlich besser, und ich hab spontan einen Urlaub mit den Kindern gebucht. Es waren wunderbare zwei Wochen, auch ohne meinen Mann. In dieser Zeit bin ich in meinem neuen Leben angekommen.

Als ich zurückkam, war ich wild entschlossen, alles allein zu meistern, nichts konnte mich bremsen. Nur zwei Wochen später hab ich den Mann gefunden, mit dem ich auch heute noch, neun Monate später, zusammen bin. Ich glaube, ich bin jetzt bereit zu einer neuen Partnerschaft, weil ich meinen verstorbenen Mann losgelassen habe. Er steht nicht als Halbgott auf dem Familienpodest. Und mein Freund weiß, dass ich ihn liebe, und er spürt, es hat nichts mit ihm zu tun, wenn ab und zu mal unverhofft Tränen kommen. Er weiß aber auch, dass ich meinen verstorbenen Mann noch liebe und es immer tun werde, aber er sieht ihn nicht als Konkurrenz.

Und noch etwas ist für mich wichtig geworden: Ich gehe nicht mehr zurück in mein altes Leben. Ich will keine Wiederherstellung des alten Zustandes. Ich habe einen Freund, der nicht bei uns lebt. Erst wenn man das Leben so, wie es war, loslassen und genug Mut aufbringen kann, neugierig auf ein neues Leben zuzugehen, hat eine neue Partnerschaft eine echte Chance.

(Re) Das Leben ist so

4. Juni 2004 @ verwitwet.de

Sicher kann man Liebe nicht planen, man darf sich aber auch nicht dagegen sperren. Diese Erfahrung habe ich gemacht.

Nur sechs Monate nach dem Tod meines Mannes lernte ich jemanden kennen, auch er verwitwet. Wir haben jetzt, nach einem weiteren Jahr, eine sehr schöne Beziehung. Nachdem die ersten Schwierigkeiten ausgeräumt waren, die insbesondere darin bestanden, dass wir ein schlechtes Gewissen unseren verstorbenen Partnern gegenüber hatten, haben wir schnell festgestellt, was wir wollten, nämlich unser Leben, von dem wir alle nicht wissen, wie lange es noch dauert, gemeinsam zu leben und auch zu genießen.

Für alle, die frisch verwitwet sind, ist es sicher schwer, so etwas zu lesen. Wenn mir nach dem Tod meines Mannes jemand gesagt hat, das Leben geht weiter und es wird auch wieder schön, ich hätte ihn erschlagen können. Aber es ist so, und es ist gut so.

Wenn wir die Trauer durchlebt haben

26. Aug. 2004 @ verwitwet.de

In Grenzsituationen des Lebens erhält man den Anstoß, sich mit dem Sinn des Lebens auseinander zu setzen. Freude und Glück empfindet man intensiver, wenn man Trauer und Unglück durchlebt hat.

Den Weg in einen neuen Abschnitt unseres Lebens, den können wir schaffen. Wenn wir die Trauer durchlebt haben, dann können wir wieder lieben. Die Erinnerungen und die Vergangenheit können wir niemals löschen. Aber wir können versuchen, sie zu akzeptieren, um dann zu kämpfen, für uns selbst – und für eine neue Liebe.

(Re) Ist die Trauer irgendwann vorbei?

3. Sept. 2004 @ verwitwet.de

Grundsätzlich stimme ich dir zu. Mit einer Formulierung habe ich aber Schwierigkeiten: »Wenn wir die Trauer durchlebt haben…« Heißt das, dass die Trauer irgendwann vorbei ist? Meiner Meinung nach nicht. Diese Trauer bleibt immer bei mir, ich kann mich an sie gewöhnen, ihr einen Platz bereiten und mit ihr leben, aber sie wird immer da sein. – Oder heißt der Satz, dass die Trauer ihren Platz in mir, in meiner Persönlichkeit gefunden hat? Dass sie vorher das alles Beherrschende war, was aber jetzt allmählich anders wird? Damit könnte ich leben.

(Re) Es hat sich etwas in mir verändert

3. Sept. 2004 @ verwitwet.de

Mein Mann starb im April 2000. Mittlerweile, auch durch die erneute Auseinandersetzung hier auf der Homepage, glaube ich, dass meine Trauer vorbei ist, dass ich sie durchlebt habe. Und dass sich etwas in mir verändert hat.

Mein Mann, meine Liebe zu ihm hat einen Platz in meinem Herzen gefunden und ich kann an unser Leben, an ihn zurückdenken in dankbarer Erinnerung, aber nicht mehr in Tränen. Der Weg ins neue Leben ist endgültig geöffnet.

Ich dachte zuerst auch, die Trauer bleibt immer in mir, sie wird sich irgendwie verändern und ein Teil von mir bleiben. Ich habe aber jetzt festgestellt, dass es nicht die Trauer ist, die in mir ist, sondern unser gelebtes Leben, meine Liebe. So empfinde ich das, andere mögen das anders empfinden.

Anhang

Zur Entstehung/Entwicklung von verwitwet.de (e.V.)

Von Oliver Scheithe

Als ich Ende 1999 die ersten Seiten von verwitwet.de ins Internet stellte, war ich bereits mehr als 15 Monate verwitwet.

Meine Frau war am 13. September 1998 auf der Bonner Kirmes Pützchens Markt auf Grund eines Herzkammerflimmerns in meinen Armen und vor den Augen unserer drei Kinder zusammengebrochen. Fünf Tage später wurde sie für tot erklärt. Sie starb im Alter von 31 Jahren. Nie vorher hatte ich mich real mit dem Tod auseinander gesetzt. Nun hatte es mich selbst getroffen.

Es folgte, über Monate, ein Leben wie in Trance. Zunächst musste ich mich um die Beerdigung kümmern. Von heute auf morgen musste dann das ganze Familienleben neu organisiert werden: Rentenfragen waren zu klären. Meine jüngste Tochter brauchte (kurz vor ihrem dritten Geburtstag) einen Kindergartenplatz. Für den Haushalt und die Betreuung der drei Kinder suchte ich jemanden, der mit den Kindern sensibel und hilfreich umgehen konnte. Ich selbst war zunächst arbeitsunfähig geschrieben und musste langfristig meine Arbeitszeiten ganz neu organisieren. Schlussendlich musste ich mit meiner eigenen Trauer fertig werden.

Zu den genannten Problemen kam hinzu, dass das Jugendamt, das ich zur Unterstützung ansprach, mir mehr Steine in den Weg legte, als wirklich eine Hilfe zu sein. Relativ schnell suchte ich nach einem Austausch mit anderen Betroffenen. In Bonn fand ich eine kleine Gruppe junger Verwitweter, die sich einmal im Monat abends zu einer Gesprächsrunde trafen. Darüber hinaus hielt ich im Internet Ausschau nach Seiten, über die sich Betroffene austauschen konnten. Allerdings fand ich nichts, was mich in meiner Situation weiterbrachte. So beschloss ich selbst eine kleine Internetseite zu erstellen.

Gut 15 Monate nach dem Tod meiner Frau war es soweit. Unter dem Namen ALL?EINE stellte ich am 21. Dezember 1999 die ersten Seiten ins Netz. Ich berichtete dort über meine Erfahrungen mit dem Jugendamt, informierte über das Kinder- und Jugendhilfegesetz, stellte ein Forum und ein Gästebuch bereit und gab einige Hinweise zur Fachliteratur.

Es dauerte nicht lange, bis die ersten Verwitweten die Seite gefunden hatten. Im ersten Monat wurden bereits über 400 Besucher gezählt. Einige von ihnen halfen mir, die Seiten mit mehr Inhalten zu füllen. So wurden mir ganze Literaturlisten und auch theoretische und/oder praktische Beiträge zum Thema Trauer übermittelt.

Das Interesse der Betroffenen an einem Austausch war von Anfang an sehr groß. So kam ich auf die Idee, eine Registrierung einzuführen. Jeder interessierte Besucher konnte mir seine Kontaktdaten und ein paar Anmerkungen über sich zumailen, und ich pflegte sie in eine Liste ein. So wusste jeder nun etwas mehr über den Gesprächspartner. Daten wie Alter und Herkunft des/der Verwitweten, Todestag und Todesursache des verstorbenen Partners, Anzahl und Alter der Kinder u.a. waren nun einsehbar.

Nach wenigen Wochen hatten sich mehr als 100 Besucher registriert. Da der Aufwand immer größer wurde, musste ich mich fachlich weiterbilden, um aus einer eher statischen Homepage eine dynamische, datenbank-unterstützte Community-Website zu bauen.

Mitte 2000 war es soweit. Aus der Homepage ALL?EINE wurde die Community verwitwet.de. Inzwischen hatte die Homepage mehr als 1000 Besucher im Monat und mehr als 150 registrierte Mitglieder. Betroffene konnten sich innerhalb weniger Minuten selbstständig registrieren. Sie erhielten dadurch mehr Möglichkeiten, sich an dem Angebot und den Inhalten von verwitwet.de zu beteiligen, konnten z.B. neue Fachliteratur vorschlagen, Gedichte und andere Texte vorstellen. Außerdem gab es neben dem Austausch über die Foren und den Chat nun auch ein internes »Postamt«, um Kurznachrichten senden zu können. Auch das Angebot an Foren wurde erweitert: So gab es neben dem allgemeinen Forum bald eines zum Thema neue Partnerschaft, weitere sollten folgen.

Durch den regen Mailaustausch wurde bei einigen Mitgliedern der Community der Wunsch nach persönlichem Kennenlernen immer größer. Im Spätsommer 2000 trafen sich circa 50 Erwachsene und Kinder zu einem Grillfest in Dormagen bei Köln. Silvester 2000/2001 fuhren etwa genauso viele Teilnehmer zu einer mehrtägigen Freizeit in die Schweiz an den Vierwaldstädter-See. Diese beiden Treffen bildeten den Auftakt für weitere Veranstaltungen, die heute das Vereinsleben von verwitwet.de e.V. prägen. Mit der steigenden Zahl an Community-Mitgliedern wuchs sowohl der zeitliche als auch der finanzielle Aufwand für den Ausbau und Erhalt der Homepage. In der zweiten Jahreshälfte 2001 war absehbar, dass ich Ausbau und Erhalt von verwitwet.de mittelfristig nicht mehr alleine tragen konnte und dass ich finanzielle und inhaltliche Unterstützung brauchte. So trafen sich Ende Oktober 19 von über 350 Mitgliedern im Rahmen eines »Federweißertreffens« in Osann-Monzel bei Trier, um verwitwet.de e.V. zu gründen.

Auch wenn der Verein mit dem Ziel gegründet worden war, mich zu entlasten, konnte von Entlastung zunächst keine Rede sein. Ich wurde zum Vorsitzenden des Vereins gewählt, und es galt zunächst, eine Struktur aufzubauen und weitere Mitglieder für den Verein zu gewinnen.

Im Juni 2002 hielt der Verein seine erste Mitgliederversammlung ab. Gleichzeitig nutzten wir dies zu einem zweitägigen Workshop, auf dem wir u.a. herausarbeiteten, was wir als Verein neben dem Erhalt und Ausbau der Homepage langfristig erreichen wollten:

- über regionale Selbsthilfegruppen auch Betroffenen ohne Internetzugang den Zugang zum Verein ermöglichen,
- ein- und mehrtägige Veranstaltungen (wie Freizeiten, Seminare u.Ä.) organisieren,
- gegenseitige Hilfe unter den Betroffenen organisieren,
- verwitwet.de noch bekannter machen und dadurch
- einen Beitrag leisten, um Tod und Trauer in unserer Gesellschaft zu enttabuisieren

Seitdem haben Homepage und Verein eine enorme Entwicklung hinter sich: Die Zahl der Community-Mitglieder ist bis Oktober 2004 auf über 4000 angewachsen. Täglich werden an die 1000 Besucher gezählt. Der Verein hat rund 500 Mitglieder. Es vergeht kaum ein Monat, in dem nicht über den Verein und/oder die Homepage im Fernsehen, im Radio oder in der Zeitung berichtet wird. verwitwet.de e.V. hat zweimal ein »startsocial«-Beratungsstipendium erhalten und gehört damit zu den »100 erfolgversprechendsten sozialen Projekten Deutschlands« (so Bundeskanzler Gerhard Schröder als Schirmherr von startsocial).

Inzwischen existieren etwa 30 regionale Selbsthilfegruppen in ganz Deutschland unter dem Dach des Vereins verwitwet.de e.V. Mehrmals im Jahr werden Veranstaltungen (Freizeiten oder Seminare für Erwachsene und/oder Kinder) von verwitwet.de e.V. durchgeführt, teilweise zusammen mit kirchlichen Institutionen oder Hospizgruppen. Sobald der Verein über mehr finanzielle Mittel verfügt, ist auch an ein Angebot professioneller Hilfen (in Zusammenarbeit mit Psychologen bzw. Therapeuten) gedacht.

verwitwet.de und verwitwet.de e.V. sind vielfältig. Unterschiedlichste Menschen begegnen sich, lachen und weinen miteinander, helfen einander, widersprechen sich und sind sich einig, gestalten gemeinsam einen Teil ihrer Trauer. Community und Verein sind lebendige Gemeinschaften. So war es gedacht, und so gelingt es.

(Spendenkonto verwitwet.de e.V.:
Sparkasse Herford BLZ 494 501 20, Konto-Nr. 53 926)

Hilfreiche Adressen und Webseiten

AGUS (Angehörige um Suizid)
AGUS e.V. Wilhelmsplatz 2, 95444 Bayreuth
Tel: 0921/159 03 80 www.agus-selbsthilfe.de

Alles ist anders
Website (vor allem) für trauernde Kinder und Jugendliche
www.allesistanders.de

Institut für Trauerarbeit (ITA) e.V.
Bogenstraße 26, 20144 Hamburg
Tel: 040/36 11 16 83 www.ita-ev.de

Nicolaidis-Stiftung gGmbH
Hilfe für verwitwete Mütter und Väter
Adi-Maislinger-Str. 6–8, 81373 München
Tel: 089/74 363 – 202 www.nicolaidis-stiftung.de

TrauerInstitut Deutschland
Interdisziplinäre Arbeitsgruppe zu Trauerbegleitung und Trauerforschung
TrauerInstitut Deutschland (TID) e.V.,
Von-Hompesch-Str. 1, 53123 Bonn
Tel: 0228/2428 194 www.trauerinstitut.de

Trauernetz
umfangreiche Webseite für Trauernde, ein Angebot der Evangelischen Kirche im Rheinland www.trauernetz.de

trauer.org
Lebens-, Sterbe- und Trauerbegleitung der kath. Erwachsenenbildung im Raum Koblenz (u.a. werden »online-Seminare« angeboten)
Tel: 0261 / 35 663 www.trauer.org

Trauer-Telefon 0700/70 400 400
ein Angebot der »Lebensquelle Trauer«
www.lebensquelle-trauer.de, siehe auch: www.Trauerambulanz.de

Verwaiste Eltern in Deutschland e.V., Bundesverband
Seelhorststr. 11, 30175 Hannover
Tel: 0511 / 337 27 26 www.veid.de

verwitwet.de e.V., Verein für verwitwete Mütter und Väter
Wüllnerstr. 116, 50931 Köln
Tel: 0221 / 406 21 82 www.verwitwet.de

Literaturhinweise

1. Fachliteratur und Ratgeber

Bickel, Lis / Tausch-Flammer, Daniela: In meinem Herzen die Trauer. Texte für schwere Stunden. Freiburg (Herder) 2001
Finger, Gertraud: Mit Kindern trauern. Stuttgart (Kreuz) 1998
Grün, Anselm: Bis wir uns im Himmel wiedersehen. Stuttgart (Kreuz) 1997
Jülicher, Jochen: Es wird alles wieder gut, aber nie mehr wie vorher. Würzburg (Echter) 1999
Kast, Verena: Trauern. Phasen und Chancen des psychischen Prozesses. Stuttgart (Kreuz) 1982
Kast, Verena: Sich einlassen und loslassen. Neue Lebensmöglichkeiten bei Trauer und Trennung. Freiburg (Herder) 1994
Kübler-Ross, Elisabeth: Über den Tod und das Leben danach. Melsbach (Die Silberschnur) 1984
Müller, Monika / Schnegg, Matthias: Unwiederbringlich – Vom Sinn der Trauer. Freiburg (Herder) 1997. Überarbeitete Neuausgabe: Der Weg der Trauer. Freiburg (Herder) 2004
Paul, Chris: Wie kann ich mit meiner Trauer leben? Ein Begleitbuch. Gütersloh (GTB) 2000
Paul, Chris (Hg.): Neue Wege in der Trauer- und Sterbebegleitung. Hintergründe und Erfahrungsberichte für die Praxis. Gütersloh (Gütersloher Verlagshaus) 2001
Paul, Chris: Warum hast du mir das angetan? Gütersloh (Gütersloher Verlagshaus) 1998, aktualisierte Neuausgabe 2004
Scheuring, Herbert: Wege durch die Trauer. Würzburg (Echter) 2004
Student, Johann-Christoph: Im Himmel wachsen keine Blumen. Kinder begegnen dem Tod. Freiburg (Herder) 2000
Wolf, Doris: Einen geliebten Menschen verlieren. Mannheim (PAL) 1991

Worden, J. William: Grief Counselling and Grief Therapy, Second Edition. London: Routledge, 1991. (Deutsch: Beratung und Therapie in Trauerfällen. Bern, Verlag Hans Huber, 1986 und 1998); zu Wordens Modell der Traueraufgaben vgl. auch: Chris Paul (2001) a.a.O. S. 26 ff.
Wylie, Betty Jane: Vom Sinn der Trauer. Trauern als kreativer Prozess. München (Scherz) 2001
Zink, Jörg: Trauer hat heilende Kraft. Stuttgart (Kreuz) 1985. Neuausgabe 2001

2. Erfahrungsberichte

Ahern, Cecilia / Strüh, Christine: P.S. Ich liebe Dich. Frankfurt (Krüger) 2004
Gerstberger, Beatrix: Keine Zeit zum Abschiednehmen. Weiterleben nach seinem Tod. München (Schröder) 2003
Pletz, Markus: Wege der Trauer. Hildesheim (Gerstenberg) 2004
Schneider, Hansjörg: Nachtbuch für Astrid. Zürich (Amman) 2000
von Friesen, Astrid: Du bist tot. Ich muss noch leben. Stuttgart (Kreuz) 2000
Voss-Eiser, Mechtild: Noch einmal sprechen von der Wärme des Lebens. Texte aus der Erfahrung von Trauernden. Freiburg (Herder) 1997

3. Bücher für Kinder und Jugendliche

Bilderbücher:
Hermann, Inger / Vendrell, Carme Sole: Du wirst immer bei mir sein. Düsseldorf (Patmos) 1999
Varley, Susan: Leb wohl, lieber Dachs. Wien / München (Betz) 1992

Für Kinder und Jugendliche:
Fessel, Karen-Susan: Ein Stern namens Mama. Hamburg (Oetinger) 1999
von Keyserlingk, Linde : Da war es auf einmal so still. Vom Tod und Abschiednehmen. Freiburg (Herder) 1997
Zöller, Elisabeth: Auf Wiedersehen, Mama. München (dtv pocket) 1994

Quellenangaben

Augustinus: Weine nicht, wenn du mich liebst
Freie Übersetzung von C. von Herz-Groß
Dietrich Bonhoeffer: Von guten Mächten wunderbar geborgen
aus: Dietrich Bonhoeffer: Widerstand und Ergebung
© Chr. Kaiser / Gütersloher Verlagshaus GmbH, Gütersloh 1983
Dietrich Bonhoeffer: Es gibt nichts, was uns die Abwesenheit ...
aus: Dietrich Bonhoeffer: Widerstand und Ergebung
© Chr. Kaiser / Gütersloher Verlagshaus GmbH, Gütersloh 1983
Albert Camus: Mitten im Winter ...
Albert Camus, Werke. © Rowohlt Verlag GmbH, Reinbek bei Hamburg
Hilde Domin: Nicht müde werden
aus: dies., Gesammelte Gedichte © S. Fischer Verlag GmbH, Frankfurt am Main

Joseph von Eichendorff: Und meine Seele spannte ...
aus: Joseph von Eichendorff: Mondnacht
In: Deutsche Gedichte. Eine Anthologie. Verlag Philipp Reclam jun., Stuttgart 1984

Heinrich Heine: Und wie viel ist dir geblieben ...
aus: Heinrich Heine: Buch der Lieder. Insel Verlag, Frankfurt 1975

Joachim Ringelnatz: An M.
Joachim Ringelnatz: Das Gesamtwerk in sieben Bänden. Hg. von Walter Pape. Zürich: Diogenes 1994

Antoine de Saint-Exupéry: Wenn du bei Nacht den Himmel anschaust ...
aus: Antoine de Saint-Exupéry: Der Kleine Prinz. © 1950 und 1998 Karl Rauch Verlag, Düsseldorf

Arthur Schopenhauer: Ich glaube, daß wenn der Tod ...
Arthur Schopenhauer, Sämtliche Werke in fünf Bänden. Hg. von Wolfgang Frhr. von Löhneysen, Cotta-Insel, Wiesbaden / Frankfurt 1960–65

S. 62: Chris Paul: Neue Wege in der Trauer- und Sterbebegleitung. © Gütersloher Verlagshaus GmbH, Gütersloh 2001

Bibliografische Information der Deutschen Bibliothek
Die Deutsche Bibliothek verzeichnet diese Publikation in der Deutschen Nationalbibliografie; detaillierte bibliografische Daten sind im Internet über http://dnb.ddb.de abrufbar

Kreuz Verlag, Stuttgart
in der Verlagsgruppe Dornier GmbH
Postfach 80 06 69, 70506 Stuttgart

www.kreuzverlag.de
www.verlagsgruppe-dornier.de

Umschlaggestaltung: Bergmoser + Höller Agentur, Aachen
Umschlagbild: © Paul Edmonson / CORBIS
Satz: de·te·pe, Aalen
Druck: Clausen & Bosse, Leck

ISBN 3-7831-2519-7